DIE MÄNNER, DAS ESSEN & ICH

Rezepte für jede Lebenslage

Christian Verlag

Die Originalausgabe erschien erstmals 2007 im Christian Verlag GmbH, München.

www.christian-verlag.de

Text: Nathalie Kir de Montfolet
(Ein Projekt der AVA international GmbH
Autoren- und Verlagsagentur
www.ava-international.de)
Illustrationen: Kristina Möller
Konzept: Florentine Schwabbauer
Redaktion: Tanja Germann
Korrektur: Petra Tröger
Satz und Layout: Verena Böning, Böning Design, München
Umschlaggestaltung: Kristina Möller, Verena Böning
Lithografie: Reproline Genceller, München

Druck und Bindung: Egedsa
Printed in Spain

ISBN 978-3-88472-740-9

Hinweis

Alle Informationen und Hinweise, die in diesem Buch enthalten sind, wurden von der Autorin nach bestem Wissen erarbeitet und von ihr und dem Verlag mit größtmöglicher Sorgfalt überprüft. Unter Berücksichtigung des Produkthaftungsrechts müssen wir allerdings darauf hinweisen, dass inhaltliche Fehler oder Auslassungen nicht völlig auszuschließen sind. Für etwaige fehlerhafte Angaben können Autorin, Verlag und Verlagsmitarbeiter keinerlei Verpflichtung und Haftung übernehmen.

Korrekturhinweise sind jederzeit willkommen und werden gerne berücksichtigt.

Nathalie Kir de Montfolet

DIE MÄNNER, DAS ESSEN & ICH

Rezepte für jede Lebenslage

Illustrationen von Kristina Möller

Christian Verlag

Inhalts verzeichnis

Vorwort · 9

Cocorico und das Meer · 12
Meine Sauce mit dem Geschmack des Meeres · 13

Falten und Blätterteig · 14
Pâte feuilletée (Blätterteig) · 15

Ungeziefer und Fisch · 16
Fisch-Tajine · 17

Die Feuerwehr und die Entenbrüste · 18
Entenbrust in Olivenöl · 19

Einmachen und blau werden · 20
Nachtisch-Cocktail mit Zitronensorbet · 21

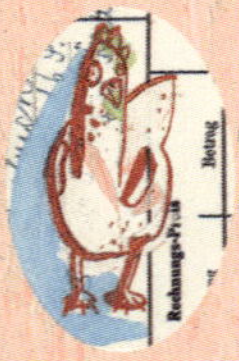

Grand-mère und Hühner · 23
Pintade aux choux (Perlhuhn mit Kraut) · 24
Pot-au-feu (Eintopf auf französische Art) · 25

Southampton und Mexikanisches · 26
Hackfleischgratin · 27

Gene versus Anpassung · 28
Salade de pommes de terre (Französischer Kartoffelsalat) · 29

Wir und die Kirschen · 30
Clafoutis aux cerises (Kirschauflauf) · 31

Sado-Maso und Capellini · 32
Capellini mit Vongole und grünem Spargel · 33

Erdbeeren und Himbeeren · 34
Charlotte aux fraises et framboises (Charlotte mit Erdbeeren und Himbeeren) · 35

Die Einzige · 36
Thailändischer Salat · 37

Pariser und Paprika · 38
Salade marocaine (Paprikasalat) · 39

Erika, die Intensive · 40
Mayonnaise · 41

Der Tag und die Paella · 43
Paella · 44

Völkerverständigung und Red Snapper · 47
Red Snapper mal anders · 48

Haarig und melonig · 50
Melonensuppe (aus Mexiko) · 50

Meine Aussprache und mon gratin · 52
Gratin dauphinois (Kartoffelgratin) · 53

Das Männchen und das Krokodil · 54
Krokodilsteaks, asiatisch angemacht! · 55

106 Garnelen und 20 écrevisses · 57
Poulet aux écrevisses (Huhn mit Flusskrebsen) · 58

Männer und Riesengarnelen · 60
Exotische Riesengarnelen · 61

Shit Box und Schweinerei · 63
Hackbällchen in Salatblättern · 64

Schwimmbad und Couscous · 66
Couscous mit Rosinen und Gemüse · 67

Wahre Liebe und Oliven · 69
Olives à la Jeannot · 71

Alte Müllmänner und Kälber · 72
Blanquette de veau (Geschmorte Kalbsschulter) · 73

30 Jahre und Fondue · 74
Verschiedene Saucen · 75

Seins und meins und piece of cake · 76
Ungarischer Kuchen · 77

Eros und die Roulade · 79
Kalbsrouladen in Weißwein · 81

Lamm auf Türkisch · 82
Gigot d'agneau (Lammkeule aus Frankreich) · 83

Agathe und die Pfannkuchensuppe · 84
Pfannkuchensuppe nach Agathe · 85

Rote Wut und Blutorangen · 86
Pavé à l'orange (Orangenbiskuit) · 87

Heimliche Leidenschaften und vin à l'orange · 89
Vin à l'orange (Orangenwein) · 90
Flan aux fruits confis (Flan mit kandierten Früchten) · 91

La Tosca et le poisson · 92
Meine Fischsauce · 93

Von Brunnen und rotem Gemüse · 94
Spinat-Rotkohl-Rote-Bete-Salat (aus Mexiko) · 95

Banana und Limonen · 96
Lime and Tomato Jam (Zitrusmarmelade) · 97

Dream and reality · 98
Meine Pflaumentorte · 99

Men in Black · 100
La galette des rois (Blätterteigtorte mit Mandelcreme-Füllung) · 101

Die Autofahrer und die Schärfe · 102
Pikantes Rindfleischgericht aus Thailand: Nua Pad Prik · 103

Affen und Bitta · 106
Helimli Bitta! (Würziges Brot) · 107
Scharfe Kartoffeln · 107

Schuldig und Kürbis · 108
Indisches Kürbis-Curry · 109

Die bleiche Venus … mit Schokolade · 111
Venus au chocolat
(Französischer Marmorkuchen) · 112

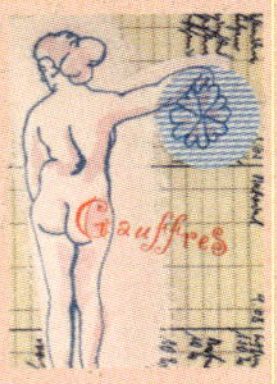

Malerei und Waffelei · 114
Gaufres (Waffeln) · 115

Engel und Süßes · 116
Gâteau de Savoie (Kuchen aus Savoyen) · 117

Abschied von der Kindheit und Baba · 118
Baba au rhum (Rumkuchen) · 119

Die Brille und die Morilles · 120
Quiche aux morilles
(Morchel-Quiche) · 120

Sex, Oper und Maronenpilze · 122
Nudelsauce mit Maronenpilzen · 123

Alte Liebe rostet nicht und Salat · 124
Ma salade! (Salatsauce) · 125

Der Kloß und die Pogne · 126
Pogne de Royans
(Hefekranz) · 127

Potenter Koch und Soufflé · 128
Soufflé de légumes
(Gemüsesoufflé) · 129

1889 und ein schönes Essen · 130
Schweinefilet mit Cranberries und interessanten Beilagen · 132

Amen und Wein · 134
Vin chaud (Glühwein) · 135

Teestunde mit Grand-mère und Müller · 137
Eine feine Teemischung · 139
Schokoladenkuchen aus Frankreich · 139

Feigheit und La Grande Nation · 140

Simone und gar nichts · 141

Juliette und die Banane · 142
Bananabread · 143

Venedig und Spritz · 144
Spritz · 145

Die erste Liebe und (nicht) die Bohnen · 146
Flageolets à l'ancienne (Dicke Bohnen nach alter Art) · 149

Was Mann mit Zucchini gemeinsam hat · 150
Zucchini mit Couscous und Shrimps · 151

Marie-Antoinette und die Schlichtheit der Eier · 154
Pochierte Eier mit Kaviar und Kartoffeln · 155
Quiche mit Schafskäse · 155

Eine kleine Tasse und eine kleine Krokette · 156
Kartoffel-Kroketten »Duchesse« · 157

Der Tod und das Mädchen und der Cake · 158
Le Cake de Clothilde (Clothildes Kuchen) · 159

Keine Froschschenkel und Mexiko · 160
Filetstücke auf mexikanische Art · 161

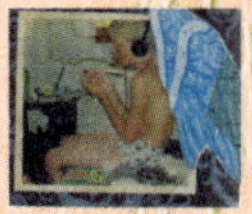

Lucas und Lotte · 162
Lotte à l'américaine (Seeteufel in amerikanischer Sauce) · 163

Ein Traumurlaub und Monsieur Parmentier · 165
Hachis »Parmentier« (Hackfleischauflauf) · 167

Tequila-Exzess und Ayurveda · 168
Kardamom-Tee · 169

Adam und seine Äpfel · 170
Maronensoufflé mit Schokoladensauce · 171

Der Royalist und Impératrice-Reis · 173
Impératrice-Reis (Süßer Reis) · 175

Vielseitig und die gute Sauce · 176
Jegliches-Fleischstück-Sauce · 177

Vor 50 Jahren · 178

Traurige Beute und wieder Wild · 180
Gams- oder Hirsch- oder gar Lammkeule · 181

Mutterstolz und Grießpudding · 182
Grießpudding · 183

Amethyste, Perlen und Genialität aus Grenoble · 185
Walnuss-Kuchen aus Grenoble · 186

Ein tolles Erbe und die Früchte des Meeres · 188
Jakobsmuscheln auf Spinatbett · 189

Dem Manne muss geholfen werden · 190
Ingwer-Gurken-Salat · 191

Diamonds are a girl's best friend · 193
Gnocchi à la romaine · 194

Der Fuß, der Schuh und die Schnecke · 196
Schnecken in Königinpastetchen · 197

Vier Gebote und Schwein(efilet!) · 198
Schweinefilet mit Salbei · 199

»Ich liebe dich« · 200

… und Tschüss · 201

Glossar · 202

Vorwort

Das Beste bleibt, sich von den kleinen oder großen Begebenheiten des Lebens führen zu lassen und spontan zu entscheiden, je nach Laune!

Und diese Woche erhielt ich einen sonderbaren Brief. Er enthielt mein erstes *je t'aime,* das ich einem Mann je gesagt habe. Nach einunddreißig Jahren flattern diese Worte, die ich damals schüchtern hinten auf ein Foto von mir geschrieben hatte, zu mir zurück. Ich bin aufgewühlt, nachdenklich, amüsiert und gerührt. Ich frage mich auch, was mit den anderen *je t'aime* geschehen ist, die ich in meinem Leben ausgesprochen habe. Sind meine Worte in einem Schrank aufbewahrt worden? Im Herzen? Und wie immer, wenn mich etwas beschäftigt, werde ich mich in die Küche stürzen und aus diesen ganzen Ingredienzien der Emotionen ein schönes Essen komponieren; mein heutiges „aufgewühlt sein" wird sich dort in eine feurige Sauce verwandeln – und warum sollte ich meine Erlebnisse nicht mit Ihnen teilen?

Und so ist dieses Buch entstanden: von einer kleinen Begebenheit zu größeren Emotionen, manches wahr, manches erfunden. Ich glaube, kaum eine Frau kann behaupten, dass die Männer in ihrem Leben keine Rolle spielen! Im Guten wie im Schlechten prägen sie uns sehr. Über den Weg der Männer hat mich meine Vergangenheit im Laufe dieses Buches eingeholt.

Es ist ein Puzzle – genau wie unser Leben. Alles hat seinen Platz und seinen Wert, und die Reihenfolge bleibt uns ein ewiges Geheimnis. Jedoch weiß ich genau, dass einige Menschen meinen Charakter stark beeinflusst haben: das Sinnliche kommt von meiner Großmutter, das Energische von meiner Mutter und das Lautlachen von meinem Vater. Vor allem meiner Großmutter, die durch ihr wunderbares Kochen, durch ihre entzückende Art den Alltag verzaubern konnte, widme ich dieses Buch.

fromage
moi
CAMEMBERT
Caen
Mont-St.Michel
Dinard
CAMEMBERT CHEESE
CAVALRY SCHOOL
Saumur
Loire
Poitiers
Cognac
färben
beschneiden
SCHLOSS HEINRICHS DES VIERTEN
CASTLE OF HENRY IV
Bayonne
Pau
Tarbes
HORSE MARKET
Lourdes

AMIENS CATHEDRAL
Amiens
COAL
Rouen
REIMS CATHEDRAL
Reims
ARCH OF TRIUMPH
PARIS
EIFFEL TOWER
Versailles
Chartres
CHARTRES CATHEDRAL
Fontainebleau
FONTAINEBLEAU CHATEAU
DIE JUNGFRAU VON ORLEANS
Orléans
"THE MAID OF ORLEANS" JOAN OF ARC
WINE
Dijon
Saône
TASTEVIN
(Order of the Wine Tasters)
(DER ORDEN DER WEINPRUFER)
Bourges
CATHEDRAL
Loire
Vichy
PORCELAIN
Limoges
TIRES
Clermont-Ferrand
TEXTILES
Lyon
NOTRE DAME DE FOURVIERE
CABLE CAR
Annecy
Grenoble
GRENOBLE UNIVERSITY
ST. MICHEL'S ROCK
le Puy
CANTAL REGION
Rhône
ARCH OF TRIUMPH
Orange
FRENCH ALPS
Montauban
CHASSELAS GRAPES
Millau
GLOVES
ROMAN TEMPLE
Nimes
Avignon
AVIGNON BRIDGE
Roquefort-sur-Soulzon
CHEESE
PERFUME
Carcassonne
Vin
lise charmel

Cocorico* und das Meer

Über die Vorteile, mit einer Französin – und mit mir! – verheiratet zu sein:

— Ich bringe eine gewisse Exotik ins Haus (vor allem als ich jung war, galt ich noch als exotisch!). Mit mir konnte er – wenn auch nur kurz – angeben!

— Er weiß immer, welche Unterwäsche aktuell ist, und darf es sogar auskosten!

— Er langweilt sich nie mit mir.

— Er hat enorme Fortschritte in der französischen Sprache gemacht, das war immer sein Lieblingsfach in der Schule …

— Er hat eine neue Dimension des Wortes Spontaneität erfahren dürfen, vor allem, wenn ich von heute auf morgen das Haus auf den Kopf stelle oder ihn verlasse!

Was er gerne gehabt hätte oder haben möchte:

— Eine ordentliche Frau, die auch das Unkraut vor der Garage mit der Augenbrauen-Pinzette rauszupft, und nicht eine wie mich, die das dreimal in 13 Jahren angefangen hat, aber nach einer halben Stunde vor lauter Langeweile alles stehen und liegen lässt!

— Jemanden, der ihm mit weiblicher Hand im Garten hilft und über Rosen, Dahlien und Ähnliches Bescheid weiß; jemanden, der für ihn mit männlicher Hand den Rasen mäht.

— Eine Frau, die vorhersehbarer ist, damit am Abend keine unangenehme Überraschung auf ihn zukommt, wenn er erledigt von der Arbeit kommt.

— Eine Frau, die gerne segelt und bei jedem gelungenen Spinnaker-Manöver eher einen Orgasmus als einen Schreikrampf kriegt (was sich als mehr oder weniger ähnlich herausstellen kann).

Aber wenn er das eben Genannte bekommen hätte, wäre er nie in den Genuss meiner kulinarischen Kreationen gekommen, und, da er Saucenliebhaber ist, unter anderem dieser hier:

So kräht der gallische Hahn!

Meine Sauce mit dem Geschmack des Meeres

2 EL Olivenöl, 4 Schalotten, sehr fein gewürfelt
5 Knoblauchzehen, mit dem Messerrücken zerdrückt
2 Tomaten (Dosenware), 6 schwarze Pfefferkörner, 1 Zweig Petersilie, 1 Lorbeerblatt
2 Gläser trockener Weißwein, 1 kg große Miesmuscheln
125 g frische Butter, 500 g frische Champignons
2 Gläser Fischbouillon, 8 Garnelenschwänze, (roh und ungeschält)
1 große Handvoll Moscardini oder Sepioline
1 rote Paprikaschote, klein gehackt; 1 rote Chilischote, sehr fein gehackt
1 EL Hummerbutter
8 Jakobsmuscheln (ausgelöst, der weiße und der orangefarbene Teil)
1/2 Becher Sahne; einige Safranfäden, in 1 EL heißem Wasser eingeweicht
1 EL Mehl, Salz, Pfeffer

Eignet sich sehr gut zu allen Fischgerichten (Fischfilets nur kurz pochieren in der Sauce gar ziehen lassen).

In einem großen Topf mit Deckel das Olivenöl langsam erwärmen. Die Hälfte der Schalotten und 3 zerdrückte Knoblauchzehen darin glasig werden lassen. Tomaten, Pfefferkörner, Petersilie, Lorbeerblatt hinzufügen und umrühren. Ein Glas Weißwein angießen, Deckel auflegen und zum Kochen bringen. Die gesäuberten Muscheln hinein geben und den Deckel schnell wieder auflegen. Ca. 3 Minuten garen bis alle Muscheln offen sind (geschlossene wegwerfen). Abkühlen lassen. Das Muschelfleisch aus den Schalen lösen, in eine Schüssel legen und den Sud durch ein feines Sieb filtrieren.

In einer großen Pfanne 1 EL Butter schmelzen lassen, die restlichen Schalotten und Knoblauchzehen anschwitzen, dann die Champignons anbraten. Salzen. Mit Weißwein ablöschen und ca. 12 Minuten auf kleiner Flamme köcheln lassen. Beiseitestellen.

Die Fischbouillon zum Kochen bringen und die Garnelenschwänze (entdarmt!) in die Bouillon legen bis sie die Farbe wechseln (in 2 Minuten). Herausnehmen, die Bouillon aufheben!

In einer weiteren Pfanne 1 EL Butter schmelzen lassen, darin Paprika und Chili anbraten bis sie weich sind. Sepioline hinzufügen und kurz anbraten. Immer wieder umrühren, damit sie sich schön mit dem Gemüse vermengen. Aus der Pfanne nehmen und beiseitestellen.

In der gleichen Pfanne (wir haben es gleich!) 1 EL Butter und die Hummerbutter schmelzen lassen. Die Jakobsmuscheln vorsichtig in die Butter gleiten lassen, salzen und pfeffern und sehr kurz anbraten. Beiseitelegen.

In einem großen Topf die restliche Butter mit Mehl anschwitzen. Wenn beides gut vermengt ist, *peu à peu* mit dem bereitgestellten Muschelsud, dann mit der Fischbouillon mischen. Es darf nicht zu flüssig werden. Salzen, pfeffern, mit Sahne, Safran (samt Einweichwasser) vermengen und alle weiteren Zutaten beigeben. Kurz aufwärmen.

Falten und Blätterteig

Passiert es Ihnen auch? Sie stehen vor dem Spiegel, vollkommen ahnungslos und machen das, was Sie jeden Tag verrichten: Sie waschen Ihr Gesicht, putzen sich die Ohren, die Zähne, besprühen sich mit Ihrem Lieblingsduft hinter den Ohren, an den Handgelenken, und plötzlich ist es da. Es gibt etwas, was Sie bislang nicht bemerkt haben. Dabei hatten Sie dieses Top doch erst letzte Woche an, und es ist nichts passiert. Aber heute ist es da: Sie sehen komische Falten zwischen Arm und Achsel. Sie gucken näher hin, holen eventuell Ihre Brille – auch ein deutliches Warnsignal –, es kann nicht sein! Mit Ihren Fingerspitzen fassen Sie hin, und siehe da, diese Falten bleiben bestehen. Sie ähneln der Haut, die Milch beim Kochen bildet. Kein Zweifel mehr, der letzte Geburtstag war keine Illusion, sondern bittere Realität. Jetzt heißt es humorvoll bleiben, sich nach wie vor gut anzuziehen und nur dafür zu sorgen, dass gewisse Körperteile nicht mehr zur Schau gestellt werden.

Was wird als Nächstes kommen?

Ihre langen Beine?

Die Füße?

Den Busen haben wir schon längst abgeschrieben, vor allem diejenigen, die sehr gute Mütter waren und mit Inbrunst ihre Kinder lange gestillt haben, so wie ich. Aber der Busen gehört normalerweise versteckt, also macht das keinen Unterschied.

Aber die Arme oder die Beine? Kein Minirock mehr ohne Strumpfhose?

Obwohl – bei unserem deutschen Wetter – kein Kunststück. Wie überlebt man so einen Tag, mit so einer Feststellung am frühen Morgen? Erstens, das Top ausziehen und das nette kurzärmelige T-Shirt anziehen, welches noch nicht gebügelt ist. Macht ja nichts. Hauptsache, wir verstecken diese Falten, bis wir uns beruhigt haben. Zweitens: Versuchen wir doch noch eine gewisse Sinnlichkeit an diesem Tag zu entdecken, und da wir anständige Frauen sind und uns an den Briefträger nicht ranwagen, kochen wir etwas, was die Sinne erregt. Und zwar nicht nur die Sinne der Mitesser (missverstehen Sie mich nicht wieder!), sondern vor allem die Sinne der Köchin. Blätterteig selber machen. Was hat Mehl und Butter mit Sinnlichkeit gemeinsam? Alles! Und nicht nur, weil Sie neuerdings *Der letzten Tango in Paris* wieder gesehen haben! Sie werden schnell entdecken, dass der Kontakt mit Mehl und reichlich frischer Butter ein absolutes Vergnügen ist.

Pâte feuilletée

Blätterteig

300 g Weizenmehl
1/2 TL Salz
etwa 1 1/2 Gläser frisches kühles Wasser
etwa 200 g frische Butter, nicht ganz hart, aber trotzdem kalt

Räumen Sie erst mal Ihre Arbeitsfläche auf – wenn es bei Ihnen wie bei mir aussieht, dann ist es eine längere Angelegenheit! Sie brauchen Platz. Schütten Sie das Mehl auf die Arbeitsfläche, bilden Sie eine Mulde in der Mitte, addieren Sie das Salz und *peu à peu* das Wasser. Mit Ihren sauberen Fingerspitzen vermischen Sie alles, um einen festen, aber nicht trockenen Teig zu erhalten. Nach Gefühl – wenn Sie eine so große Nase haben wie ich, dann haben Sie Gefühl – gießen Sie etwas Wasser hinzu. Nun eine Kugel formen und diese in ein sauberes und mit Mehl bestäubtes Tuch einwickeln.

Da klar ist, dass Sie an diesem Tag nichts anderes zu tun haben, als sich mit Ihrer Sinnlichkeit bzw. Ihrem Blätterteig zu beschäftigen, lassen Sie den Teig 30 Minuten ruhen, und Sie ruhen sich auch aus, ohne erneut vor den Spiegel zu rennen.

Sie haben zuvor noch die Butter aus dem Kühlschrank geholt.

Nach 30 Minuten kommt das wahre Vergnügen dieses Rezeptes: Sie holen Ihr Nudelholz heraus und rollen den Teig auf der bemehlten Arbeitsfläche aus. In die Mitte setzen Sie die schöne, frische, kühle, gelbe Butter und wickeln sie in den Teig ein. Und mit dem Nudelholz machen Sie dieses halbe Pfund Butter platt. Zum einen hilft es Ihnen, Ihre heutige Aggression auszuleben, zum anderen verteilt sich die Butter im Teig. Sie falten den Teig, d.h. das untere Drittel der Teigscheibe, in Richtung Mitte, den oberen Teil (auch Richtung Mitte) darüberfalten. Erneut mit dem Nudelholz drüberrollen. Sie falten den Teig zweimal – wie wenn der Postmann zweimal klingelt – und lassen den Teig 20 Minuten ruhen. Wie Sie sehen können, ist es in der Zeit aufwendig, aber nicht so anstrengend, oder? Diesen Vorgang wiederholen Sie dreimal im Ganzen, das heißt, Sie haben ungefähr anderthalb Stunden zu tun. Nur um Teig herzustellen, ist doch kein Thema, oder? Und Sie werden sehen, wie schön dieser Teig mit der darin enthaltenen Butter sich anfühlt. Ihre Finger werden sich tief darin vergraben, Ihre Handflächen fühlen sich geschmeidig und warm an ... und das war's schon mit der Sinnlichkeit an diesem Tag! Mit diesem Rezept lassen sich sehr viele leckere Gerichte herstellen, weitere Rezepte folgen in den nächsten Kapiteln – und Sie haben auch Fantasie, stimmt's?

Ungeziefer und Fisch

Mein Haus ist voller Obstfliegen. Es ist erstaunlich, ich kenne niemanden, dem so etwas Extremes zustößt ... wenn wir Kopfläuse haben, dann ist die ganze Familie betroffen – und zwar nicht zwei Wochen, sondern sechs Monate lang ... sogar der Apotheker sprach mich darauf an, als ich die hundertste Flasche Goldgeist besorgte, ob ich das Zeug selber trinken würde? Oder was würde ich damit machen, es sei so ein wirkungsvolles Mittel!

Dazu muss gesagt werden, dass die Haarpracht unserer Familie für viele Sprüche sorgt und den Neid aller Geheimrateckenträger nährt ... Dann kamen die Flöhe – im Teppich, im Bett ... sie sprangen unerschrocken unsere Beine hoch, als wir saßen, oder griffen an, wenn wir im Bett lagen. Sie kamen von den Katzen, diese wiederum hatten sie von den Igeln ... und ich merkte es zu spät und musste den Kammerjäger kommen lassen, und es kostete 900 DM, und wir durften 24 Stunden das Haus nicht betreten, und ich musste sämtliche Plüschtiere (100 an der Zahl) sowie Wolldecken, Lederjacken usw. besonders behandeln, und wir mussten richtig schuften, um den Geruch, die Viecher loszuwerden, mal ganz davon abgesehen, dass unser Urlaubsbudget stark angeknackst wurde ... und jetzt das!

Diese Plage ... nein, sagen Sie mir nicht, ich soll bloß das Obst wegräumen und dann wären sie weg. Nix da! Zum einen ist das Obst im Kühlschrank (und ja, einige sind auch im Kühlschrank) ... so viel zum Überlebensverhalten der Obstfliegen ... von wegen nur bei Hitze und im Sommer ... hier nieselt es ununterbrochen, und im Kühlschrank haben wir ganze 4 °C! (Ich könnte Ihnen auch vieles über das Sexualverhalten der Kopfläuse erzählen, aber das gehört in ein anderes Kapitel!) Wir haben die Obstfliegen nicht nur in der Küche, sondern in der Dusche, im Bad, im Flur, im Esszimmer ... wie eine Bescheuerte schieße ich durchs Haus mit meinem Giftspray ...; unsere Fee, die polnische Dame, die ab und zu versucht, dem Chaos im Haus Herrin zu werden, kam zu mir, ganz verzweifelt. Sie sagte nur: »Nathalie, überall ...« und dann flatterte sie mit den Händen, da sie das Wort »Obstfliege« nicht kennt.

Die Rettung gegen diesen unerträglichen, für niemanden erklärlichen Zustand (nicht mal für die Oberspezialistin der Kompostierung beim Abfallamt München, eine ernste und humorlose Dame, die fassungslos meinen Fragen und Klagen zuhörte), die Rettung also ist folgendes Rezept: Eine Hymne an das Anderssein, Andersschmecken, Anderswürzen, Anderskochen, nämlich Brahims Fisch-Tajine.

Es nimmt wenig Zeit in Anspruch, wenn Sie alles gut vorbereitet haben, es sieht farbenfroh aus, es ist in der Präsentation beeindruckend, und es ist im Geschmack unvergleichlich!

Fisch-Tajine

nach Brahim

1 Flug nach Casablanca, um das Tajine-Gefäß zu besorgen
3 EL Olivenöl
2 Frühlingszwiebeln oder Schalotten oder rote italienische Zwiebeln
1 kg Fisch (jede Barschsorte eignet sich), in große Stücke geschnitten
Salz, Pfeffer
edelsüßes Paprikapulver
1 TL gemahlener Kreuzkümmel, 1/2 TL Raz-el-hanout (siehe Glossar)
4 reife Tomaten
1 Bund Koriander, sehr fein (ich betone: sehr fein!) gehackt
6 Knoblauchzehen, zerdrückt
1 Limone, in dünne Scheiben geschnitten
1/2 TL Safran (siehe Glossar)

Den Gartengrill anmachen. Die Zwiebeln fein schneiden und in das kalte (!) Öl im Tajine-Gefäß geben. Langsam schmoren, mindestens fünf Minuten, dann die Fischstücke darauflegen, mit Salz, Pfeffer, Paprika, Kreuzkümmel und Raz-el-hanout würzen. Die Tomaten grob darüberreiben (Sie haben doch sicherlich eine Vierkantreibe), Koriander daraufstreuen, den Deckel auflegen. Nach kurzer Zeit die Fischstücke umdrehen, erneut würzen, Knoblauch und Limonenscheiben zufügen. Zum Schluss Safran darüberstreuen. Mit frischem Brot – am besten Fladenbrot – sofort servieren.

Safran kann übrigens mit dem Tajine-Gefäß besorgt werden, man muss nicht noch mal extra fliegen. Am besten zermahlen Sie die Fäden erst kurz vor Gebrauch mit einer Prise Zucker im Mörser.

Die Feuerwehr und die Entenbrüste

Eine lustige Geschichte – wie im Film – geschah auch in der Zeit, als ich in England wohnte. Unsere Beziehung war wieder mal in der Krise, ich erhielt ein – wie sich später rausstellte – »unanständiges« Angebot, für 6 Monate nach Woking in Surrey, UK, zu gehen und für unseren damaligen Distributor zu arbeiten.

Gierig danach, die Probleme hinter mir zu lassen, ging ich darauf ein, packte meine Ente (2 CV) voll und fuhr hoch. Es wurden sehr ereignisreiche Wochen bzw. Monate, mit viel Abenteuerlust und Naivität meinerseits. Eines Abends hatte ich mich in London mit einem alten Bekannten getroffen und hatte meine Ente weit in der Peripherie zurückgelassen. Zu vorgerückter Stunde fuhr ich mit der Underground zurück zu meiner Ente und musste mit Entsetzen feststellen, dass ich die Scheinwerfer angelassen hatte. Dementsprechend ließ sich meine Ente eben nicht starten! Verzweifelt suchte ich nach Hilfe, einer Tankstelle oder irgendeinem Laden. Vergeblich. Und damals gab es kein Handy! Ja, so alt bin ich schon. Wie dem auch sei, ich sah ein großes graues Gebäude auf der rechten Seite, es schien die Feuerwehr zu sein. Ich ging zur Tür, und da waren zwei Glocken. Voller Panik und nicht ganz aufmerksam, drückte ich auf die oberste Klingel. Sofort wurden die Tore in aller Geschwindigkeit geöffnet, Alarmsirenen ertönten und von der Decke kamen lauter Feuerwehrmänner runtergerutscht, in voller Montur, ich meine, mit Helm und Anzug und zu Taten bereit. Und vor der Tür stand ich!

Ich schwitze heute noch, wenn ich daran denke! Aber sie waren Gott sei Dank nicht böse – ich liebe die Engländer –, boten mir Tee an und luden meine Ente wieder auf! Also, die Moral von der Geschichte: Nicht immer auf den erstbesten Knopf drücken, sondern ÜBERLEGEN! Nach diesem Abenteuer fuhr ich sehr erschöpft nach Hause, öffnete den leeren Kühlschrank und hätte mir folgendes Gericht gewünscht:

Entenbrust in Olivenöl

2 Entenbrüste
100 g Butter
3 Schalotten
eine Handvoll sehr guter Pilze (z. B. Kaiserlinge)
1/2 Glas guter Rotwein
2 EL Olivenöl
1/2 Dose Pelati (geschälte Tomaten)
frischer Oregano
1/2 kg mehlig kochende Kartoffeln
100 ml Sahne
Salz, frisch gemahlener Pfeffer

In einer großen Pfanne die Hälfte der Butter aufschäumen lassen und die fein geschnittenen Schalotten darin glasig anschwitzen. Die geschnittenen Pilze hinzufügen, kurz schmoren lassen und den Wein dazugießen. Das Ganze reduzieren lassen.

In der Zwischenzeit sich vom knackigen und nicht vorhandenen Koch dieses Gerichtes innig küssen lassen. Dann soll er in einer anderen Pfanne 1 EL Olivenöl erwärmen, die Tomaten hinzufügen, salzen, pfeffern, mit Oregano würzen und alles zu einem Brei verkochen. Das Tomatenpüree zur Seite stellen. Restliches Olivenöl erwärmen und die in dicke Scheiben geschnittenen Kartoffeln reintun, salzen, pfeffern und zugedeckt bei niedriger Temperatur etwa eine halbe Stunde braten, bis sie gar sind.

In der Zwischenzeit die restliche Butter zerlassen. Die Entenbrüste, Hautseite nach unten, bei starker Flamme dunkelbraun anbraten. Die Brüste dann umdrehen, salzen und pfeffern und die Hitze reduzieren. Kurz vor Ende der Bratzeit (Brüste sollen innen noch rosa sein), die Pilz- und Schalottenmischung hinzufügen, mit Sahne aufgießen und das Ganze kurz aufwärmen.

In der Zwischenzeit das Tomatenpüree zu den Kartoffeln geben, durchmischen, erneut mit Oregano bestreuen. Die Brüste etwa 0,5 cm dick aufschneiden, auf dem Teller anrichten und mit den Kartoffeln und der Sauce auftragen.

Wenn ich dieses Rezept wieder lese und die ganzen *in der Zwischenzeit* bemerke (und wie ich mir bei jeder Zwischenzeit einen innigen Kuss wünschte), dann wäre ich sowieso nie zum Essen gekommen.

Einmachen und blau werden

Mögen Sie Süßes? Ich auch! Auch schon zum Frühstück? Ich auch! Sind Sie stolz, wenn Sie der Familie etwas aus eigener Produktion vorweisen können? Ich auch! Und somit führe ich Sie in die Freuden des Marmeladenkochens ein! Gestärkt von einem schäumenden Cappuccino gehe ich in den Garten, ausgerüstet mit vielen Schüsseln (jeweils für die blauen – ich empfinde sie als blau und nicht schwarz – , für die weißen und roten Johannisbeeren, plus eine extra für die Himbeeren) sowie mit meiner Regenjacke. Ich sammle, sammle, sammle, steche mich an den wilden Brombeerbüschen, folge den Anweisungen meines Mannes – am Anfang zumindest – und sammle nebenbei alle Schnecken, die ich später gefälligst auf einer Wiese rauslassen soll, in einem Eimer. Was meistens damit endet, dass ich die armen Viecher vergesse und diese jämmerlich im Plastikeimer verkommen. Dann komme ich in die Küche, werfe (schmeiße? tue? lege?) die Beeren in eine tolle Maschine, und es kommt ein wunderschöner, schaumiger, mousse-artiger Saft raus. Den messe ich ab und hole dementsprechend Gelierzucker. Mittlerweile sind wir mitten am Nachmittag, ich stehe schon seit Stunden im Garten, in der Küche! Ich bereite alles vor wie auf der Gelierzuckerpackung angewiesen ... ich renne schnell in den Keller, um die extra für diesen Zweck aufbewahrten Marmeladengläser zu holen, und da haben wir schon den Salat. Mein Brei ist übergekocht, Karamell macht sich auf der Kochplatte breit, der schöne dunkelrote Saft tropft munter auf den Boden, auf seinem Weg streift er Pfannen (die unter dem Herd gestapelt sind) und endet in einer Riesenlache auf dem Kachelboden. Laut fluchend hole ich Küchenpapier, Tücher, Schwämme ...! Meine Mühe ist vergebens, der Boden klebt an meinen Sohlen. Ich muss den Herd mit einer neuen Rasierklinge bearbeiten, und schon um 18.00 Uhr (ich habe mit dem Sammeln gegen 11.00 Uhr angefangen) sind meine Gläser fertig, stehen etikettiert und sauber aufgereiht auf einem Küchentuch!

Preis des Unternehmens (von meinen sieben wertvollen Stunden abgesehen!)?

— eine Küchenrolle,
— eine neue Rasierklinge,
— ich weiß nicht wie viele Packungen Gelierzucker,
— alle Töpfe eingeweicht, weil verbrannter Zucker bekanntlich klebt,
— ich muss meine Schuhe neu besohlen lassen,
— die roten Saftflecken auf meiner Bluse werden nie im Leben rausgehen, also: neue Bluse,
— ich muss den ganzen Küchenboden bearbeiten, schrubben, wischen, trocknen lassen!

Also ich weiß nicht, klar schmecken sie toll, meine Marmeladen! Aber für 2,00 Euro bekomme ich in jedem Laden auch ganz leckere, für mein Brötchen in der Früh. Aber der Stolz fehlt! Und jetzt sage ich Ihnen was, worauf Sie stolz sein können, und zwar mit wenig Mühe:

1 Glas Prosecco – eiskalt
1 Schnapsglas (klein!) Wodka
1 Kugel Zitronensorbet
1 Schuss Milch (ja, Sie haben richtig gelesen!)

Nachtisch-Cocktail mit Zitronensorbet

Im Mixer die 3 ersten Zutaten mischen – kurz und bei höchster Drehzahl. Wenn alles schäumt und gut vermischt ist, bei laufendem Gerät einen Schuss Milch hinzufügen. Köstlich, gefährlich (vor allem, wenn Sie Schnapsglas mit Wasserglas verwechseln ...), aber gut aussehend, frisch, bekömmlich und enorm originell!

Grand-mère und Hühner

Ich hatte das große Glück, eine geniale Großmutter zu haben. Was ist eine geniale Großmutter? Eine, die immer lacht, die einen Riesenbusen hat, wo ich mein Gesicht verstecken kann; eine, die vollkommen verrückt ist und viele, viele Dummheiten macht; eine, die gerne ungesunde Sachen isst (wie kaum gebratenes Rinderfilet in schwarzer Butter oder ultrasüße Kokosbällchen oder Lakritze); eine, die wunderschön erzählen kann und eine blumige Sprache verwendet; eine, die stundenlang mit mir spielt und mich *ma cocotte* nennt; eine, die ein seidenes und sehr steifes rosafarbenes Korsett trug, um ihren imposanten Busen zu halten, und aus lauter Angst zu stinken und »alt zu riechen« überall im Korsett und in den Strümpfen Wattebällchen versteckte, die mit ihrem Duft *Femme* von Rochas getränkt waren! Eine, die ihren dicken Saphir in der Pillendose (gegen Verstopfung!) in ihrer Handtasche versteckte.

Eine, die damals sagte, FF 2.000 für ein Kleid sind »heutzutage vollkommen normal« (umgerechnet ca. 330 Euro); eine, die immer so viel Trinkgeld hinterließ, dass alle Kellner sich darum stritten, sie bedienen zu dürfen; eine, die so lieben konnte, dass sie sich das Leben nehmen wollte, als ihr Mann eine andere liebte; eine, die sehr klein war, dünne Beine hatte und sich den Mund knallrot anmalte – *en cul de poule* (wie ein Hühnerpopo), was bedeutet, dass sie nicht der ganzen Länge nach die Lippen nachzog, sondern nur die Mitte ausmalte!

Eine, die eine riesige Garderobe hatte und dazu immer den passenden *foulard,* meist von Dior; eine, die kiloweise die teuerste Schokolade der Stadt verschlang und verschenkte; eine, die nur grüne Bohnen aus Kenia kaufte; eine, die ihrem strengen und düsteren Mann sagte (als er ihr stolz die mit Diamanten besetzte Uhr zum 50. unglücklichen Hochzeitstag überreichte): Die Diamanten sind aber klein!

Warum erzähle ich Ihnen das heute?

Ich weiß es nicht genau, ich rede viel mit ihr, spüre sie oft um mich, ihre Liebe für mich ist nach wie vor nicht erloschen und umgibt mich. Ich habe viel von ihr, wenn auch äußerlich rein gar nichts! Sie hatte die Gabe der Liebe, alle waren verrückt nach ihr, meine Freundinnen auch, ihr Mann war eifersüchtig auf diese Vitalität, auf diese unbändige Lust auf Leben und Genießen. Was wäre aus dieser Frau geworden, wenn sie einen Mann geheiratet hätte, der das nur geschätzt hätte? Das werde ich wohl nie erfahren. Aber, Sie sollten das Leuchten in meinen Augen sehen, während ich Ihnen das erzähle und während Düfte und Erinnerungen aufsteigen. Und jetzt kochen wir zwei Rezepte von ihr, ein Perlhuhn mit Kraut und ein *pot-au-feu,* so wie die alte französische Küche war: schmackhaft, urig, saftig, nahrhaft für die kalten Tage und ausgesprochen bodenständig:

Pintade aux choux

Perlhuhn mit Kraut

Ich musste kurz einen kleinen Zoologiekurs absolvieren – sowohl auf Französisch als auch auf Deutsch – mit dem Rebhuhn, Perlhuhn und so weiter ... Hilfe! Bleiben wir beim Perlhuhn!

Sie nehmen einen Römertopf und besorgen Folgendes (der Römertopf muss und darf derweil ein paar Stunden im Wasser baden, bevor er eingesetzt wird!):

1 großes Perlhuhn (oder 2 kleine)
1 Kohlkopf (weiß oder grün)
50 g Speck in dünnen Scheiben
(nicht den ganz fetten, weißen, sondern den rosa gestreiften!)
1 Karotte
1 Zwiebel, gespickt mit reichlich Nelken
eine scharfe Wurst (Chipolata oder Chorizo, siehe Glossar, oder fragen Sie Ihren Arzt oder Metzger), in dicke Scheiben geschnitten
1 Bouquet garni (siehe Glossar)
Fleischbrühe (entweder selbst gemacht oder Würfelbrühe)
50 g Butter
Salz, Pfeffer

Den Kohl fein schneiden, waschen und in siedendem, leicht gesalzenem Wasser kurz garen, abtropfen lassen. Perlhuhn mit ein bisschen Pfeffer einreiben, innen auch mit etwas Salz bestreuen. Mit den Speckscheiben umwickeln.

Das Perlhuhn kurz in der Pfanne rundherum anbraten. Ofen auf mittlere Hitze vorheizen. In den Römertopf (oder ein ähnliches Gefäß, das heißt, am besten aus Ton mit Deckel und ofentauglich!) den Kohl, die Karotte, die Zwiebel, die Wurst und das Bouquet garni legen, den Vogel samt Bratensaft daraufsetzen.

Das Ganze zu einem Drittel mit Fleischbrühe aufgießen und den Deckel auflegen. Nach 30 Minuten die Wurst entnehmen und beiseitelegen. Das Perlhuhn eine weitere halbe Stunde sanft schmoren lassen. Kurz vor dem Servieren die Wurst in einer trockenen Pfanne anbraten und zum Kohl servieren.

Zum Anrichten gibt es mehrere Möglichkeiten: entweder alles zusammen oder Vogel und Gemüse und Brühe getrennt, wie es Ihnen beliebt.

Eine weitere Bemerkung: Meine Oma schob immer zwei Löffel *petit suisse* in den Vogel hinein. Es ist eine Art Doppelrahm-Frischkäse und es schmeckte sehr gut so. Dieses Gericht lässt sich auch mit Rebhühnern zubereiten, dann die Garzeit um etwa eine halbe Stunde verlängern.

Pot-au-feu

Eintopf auf französische Art

Die französische Legende besagt, dass unser guter König Henri IV ein herzhaftes und wärmendes Gericht namens *poule-au-pot* erfunden hat, und zwar während der Renaissance im XVI. Jahrhundert (keine Angst, ich musste auch nachschauen!). Aber das stimmt nicht, diese Legende wurde von unserem Philosophen Voltaire erfunden. Ursprünglich wurde das Gericht mit einem Suppenhuhn zubereitet (daher der Name), aber mittlerweile ist das *poule-au-pot* zum *pot-au-feu* geworden. Aber genug Geschichte, und jetzt gerade fällt mir auf, dass ich in der Wir-Form spreche, nur weil ich von der Heimat rede ... also was ist bloß mit mir los? *Bon,* Sie brauchen:

Genügend Leute um den Tisch herum, Minimum: 6 Personen!
1 kg Rindfleisch ohne Knochen, und zwar von der Wade
1 großes Rippenstück (fett) und 2 Markknochen
grobes Meersalz
4 Wachholderbeeren, leicht zerdrückt
2 Lorbeerblätter
1 Brühwürfel
eine große Zwiebel, mit Nelken gespickt
8 schwarze Pfefferkörner
1 kg Karotten, geschält
1 kg Lauch, gesäubert und zu 2 oder 3 Bund geschnürt
1 Stück Sellerie

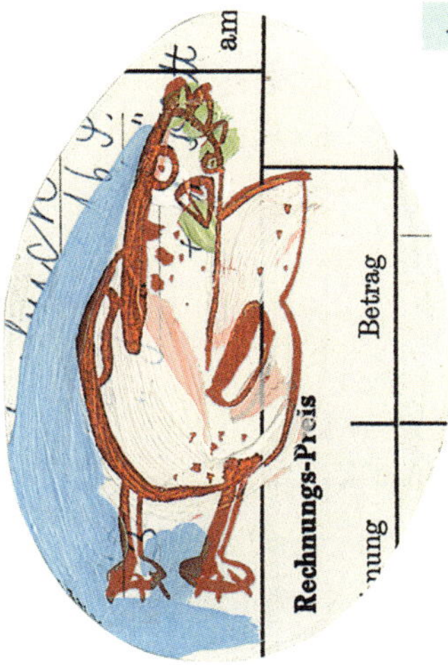

für mich sind das halt Wachholder und nicht Wacholder, ok?

Für die Garnitur:

Je 1 Glas Perlzwiebeln und Gurken
(am besten die kleinen Cornichons)

Das Fleisch mit den Markknochen in einem großen Topf mit kaltem Wasser bedecken und kochen. Abschäumen. Wenn kein Schaum mehr aufsteigt, grobes Salz, Wachholderbeeren, Lorbeerblätter, Brühwürfel, Zwiebel und Pfefferkörner hinzufügen. Dann das restliche Gemüse. Den Deckel auflegen und das Ganze 2 Stunden sanft köcheln lassen. Eine große Servierplatte warm stellen und Fleisch und Gemüse aus der Brühe holen. Das Fleisch in größere Stücke schneiden. Schön anrichten (ohne Sellerie und Zwiebel!). Dazu servieren Sie Reis, den Sie ungekocht in 1 EL Öl glasig braten und mit der Brühe immer wieder begießen, bis er durch ist. Übrige Brühe auf den Tisch stellen. Die Freude dieses Gerichtes besteht darin, dass man auf dem Teller alles klein schneidet und zerdrückt, mit klein geschnittenen Gurken und Zwiebeln bestreut und kräftig reinhaut!

Southampton und Mexikanisches

Ich sitze in einem dunkelgrünen Jaguar, es ist November, draußen bläst ein unangenehmer Wind, es ist 1.00 Uhr morgens und ich bzw. wir fahren Richtung Southampton. Es ist ruhig im Auto, ich spüre, dass ich einen Riesenbock geschossen habe.

Dabei hatte alles so lustig angefangen. Ich war mit meinem englischen Chef und dessen Mitarbeiter im Playboy Club in London. Das Gespräch war ausgelassen, wie immer mit T. F., dem lustigsten Mann, dem ich je begegnet bin, sehr witzig, spritzig.

Nach einem sehr teuren und mittelmäßigen Steak (runtergespült dank einem ebenso teuren und ebenso mittelmäßigen französischen Rotwein), kam das Gespräch – *God knows why* – auf das Segeln. Und ich – begeistert und ahnungslos (noch) – erzähle von meinen bisherigen Erlebnissen. Und T. F. sagt, er hätte ein Boot in Southampton, ob ich nicht Lust hätte, es mir anzuschauen. Klar, sage ich ganz spontan, und jetzt sitze ich in diesem Auto.

Zu meiner Rechten kann ich nur das Glasauge von T. F. sehen, starr, unbeweglich, kalt! Ich begreife, dass der Abend oder die Nacht sehr unangenehm werden, dass niemand mir glauben wird, ich hätte es nicht verstanden oder nicht geahnt.

Wir kommen also an, es ist mittlerweile sehr spät, der Wind auf dem Kai ist noch stärker geworden, wir steigen ins Boot, und ich sitze in der Falle. Es ist bitterkalt auf dem Wasser, und ich gucke mir jede Schraube an, jeden Winkel, interessiere mich für den Motor, die Ventilation, mache jeden Schrank auf, versuche mit aller Kraft den Moment zu verschieben, den Moment an dem ich Farbe bekennen muss und klar sagen muss, ich habe nicht vor, eine Nummer auf deiner Koje zu schieben!

God glaubt mir, denn etwas Unvorhersehbares geschieht. T. F. kriegt die bitternotwendige Heizung an Bord nicht an, wir frieren beide erbärmlich; nach einem kurzen Gespräch, bei welchem ich die andere Art des Heizens ablehne, düsen wir beide wieder Richtung London ab. Eisiges Schweigen im Auto. Kurz vor London macht mir T. F. die bittersten Vorwürfe: »Was für ein Depp bin ich, mit dir zu fahren, so weit weg, und du lehnst mich ab, und ich komme mir so lächerlich vor, und warum hast du nichts vorher gesagt, und was heißt das, du hättest nichts gemerkt, hältst du mich für blöd oder *what?«* und so weiter und so weiter und so weiter …

Das Einzige, was uns an dem Abend hätte retten können, wäre folgendes Gericht gewesen. Es ist sehr originell, macht müde, und dadurch gibt er wahrscheinlich Ruhe! Ich hätte dafür in Southampton alles gegeben! Ehrlich!

Hackfleischgratin

Für 6 Personen (wenn wir zu sechst gewesen wären und nicht zu zweit!):

3 Knoblauchzehen
frisch gemahlener Pfeffer
1 Gewürznelke
1/4 TL getrockneter Thymian
2 TL Meersalz
1 kg mageres Rinderhackfleisch zum Braten
1 kleine Zwiebel, fein gehackt
3 grüne Chilis
1 Bund frischer Koriander, gehackt
500 g Tomatillos, enthäutet und abgetropft
2 Poblano-Chilischoten (siehe Glossar, ersatzweise grüne Paprika)
8 Zucchini-Blüten nur im Sommer erhältlich! unentbehrlich!!
12 Maismehl-Tortillas (im mexikanischen Laden erhältlich)
250 ml saure Sahne; 200 g Manchego- oder Cheddar-Käse, gerieben

Im Mörser 2 Knoblauchzehen, Pfeffer, Nelke, Thymian und 1 TL Salz zerstoßen. Hackfleisch in eine große Schüssel geben und gründlich mit der Gewürzmischung vermengen.

Öl in einer großen Pfanne erhitzen, die Zwiebeln darin glasig braten. Hackfleisch hinzufügen, bei mittlerer Hitze 10 Minuten anbraten.

Grüne Chilis 5 Minuten in kochendem Wasser garen. Abgießen, mit der verbliebenen Knoblauchzehe, dem Koriander, 1 TL Salz und den Tomatillos pürieren, beiseitestellen. Poblano-Chili in Streifen schneiden. Dem zu stark erregten Partner folgenden Teil übergeben, damit er sich wieder beruhigt:

Stiele und Stempel der Blüten entfernen, ohne die zarten Blüten dabei zu beschädigen. Behutsam öffnen, flach ausbreiten, in einer Pfanne mit 1 EL Wasser 2 Minuten dämpfen.

Backofen auf 190 °C vorheizen. Eine Pfanne etwa 1 cm hoch mit Öl füllen und die Tortillas kurz auf beiden Seiten braten.

Den Boden einer ofenfesten Form mit Tortillas so auslegen, dass sie sich überlappen. Dann eine Schicht Hackfleisch, Poblano-Streifen, Blüten einfüllen. Die Hälfte der sauren Sahne darauf verteilen und ein Drittel des Käses darüberstreuen. Weitermachen, bis alle Zutaten aufgebraucht sind. Das Ganze mit dem Tomatillo-Püree bedecken und für 10 Minuten in den Backofen schieben. Mit restlichem Käse bestreuen und backen, bis das Gericht knusprig braun ist.

Gene versus Anpassung

Heute mache ich mir ernsthafte Sorgen um mich: Seit 1991 wohnen wir in diesem Haus und heute – mitten in 2006 – und zum ersten Mal habe ich die Straße gekehrt … oder genauer gesagt, die Rinne zwischen Bürgersteig und Straße. Zu meiner Beruhigung kann ich nur feststellen, dass ich diese wunderbare Arbeit nur bis zur Hälfte verrichtet habe; die weiteren 50 % habe ich mit ruhigem Gewissen auf das Jahr 2020 verschoben. Wie komme ich dazu, so einen Blödsinn zu machen? Ist es die Tatsache, dass unsere Straßenportion die einzige ungekehrte ist? Oder will ich meinen Mann beeindrucken? Oder spielen die Hormone jetzt total verrückt? Oder hat mich der Dreck wirklich gestört? Oder ist es, weil es unser Eigentum ist? Aber es heißt eben Eigentum und nicht »Eigentun«! Keine Antwort! Ich kann nur immer wieder feststellen, dass ich schon weiß, weshalb ich es nie gemacht habe: 1) Wofür, wenn es gleich wieder so schmutzig ist?
2) Haben wir nicht genügend Unangenehmes zu erledigen, um sich noch mehr aufzuladen?
3) Wofür zahle ich Steuern? 4) Und letzten Endes kann ich mit dem jetzigen Muskelkater kaum angeben!

Manchmal frage ich mich schon, ob ich nicht ein bisschen mit diesem Französischsein kokettiere, denn es ist ein sehr bequemer Weg, vieles zu entschuldigen. Nach dem Motto: in Frankreich kehrt man die Straßen nicht. Zumindest habe ich es Privatpersonen nie machen sehen. Als meine Nachbarin bei diesem seltenen Anblick von mir fast vom Rad fiel, sagte sie nur: »Ich mache es jede Woche, dann ist es weniger Arbeit.« Jede Woche? Ich spüre schon eine Welle der Depression mich umspülen! Kommt überhaupt nicht infrage …

Andersrum, wenn ich mein Verhalten in Frankreich beobachte, dann bin ich alles andere als stolz. Es ist mir bei meinem letzten Besuch sehr aufgefallen: ein brüllendes, gewalttätiges Wesen, eine Gefahr auf der Straße und ein Vokabular, das den Spieler Materazzi (der, der unseren Zidane so beleidigt hat!) erröten lassen würde! Die erste Probe ist die Mautstelle kurz nach dem Flughafen Lyon: acht offene Mautstellen vs drei Autobahnspuren! Wir lassen alle die Motoren hochlaufen und rasen wie die Irren auf diese drei Spuren zu. Ich will als Erste ankommen, und zwar auf meiner Spur … und riskiere fast mein Leben dafür! Dann auf dem Weg ins Krankenhaus – zweimal täglich nach Grenoble: meistens viel Verkehr, rote Ampel, Staub und meine blanken Nerven! Mit runtergekurbelten Fenstern schreie ich alles an, was ich überhole oder was mich überholt oder was mir im Wege steht! Kurzum, fast alles! Ich sitze neben mir, schaue mich an und weiß nicht, ob ich lachen oder weinen muss! Ist es das Ergebnis von 15 Jahren Entefahren oder ist es mein Temperament bzw. das meines Vaters – oder sind wir einfach alle so? Kehrt ihr alle eure Straßen und schreien wir alle beim Autofahren? Ja, verdammt noch mal, so ist es … Ob ich den Genen oder der Anpassung lieber nachgebe? Einmal dürfen Sie raten!

So ist es auch mit gewissen kulinarischen Begriffen:

Kartoffelsalat = *salade de pommes de terres* **heißt nicht** *Kartoffelsalat!*

Schweinebraten = *rôti de porc* **heißt nicht** *Schweinebraten!*

Käsekuchen = *tarte au fromage* **heißt nicht** *Käsekuchen!*

Hechtklößchen = *quenelles de brochet* **heißt nicht** *Hechtklößchen*

Und so weiter ...

Salade de pommes de terre

Unser typischer Kartoffelsalat

4 große, gekochte Kartoffeln, geschält und in dünne Scheiben geschnitten
1 große Schalotte, in dünne Scheiben geschnitten
200 g grüne Keniabohnen, al dente gekocht und abgetropft
2 hart gekochte Eier

Vinaigrette:

1 hart gekochtes Eigelb
1 gepresste Knoblauchzehe
1 TL Dijon-Senf
1 EL Mayonnaise
1 EL Weißwein-Essig
3 EL Maiskeimöl
Salz, Pfeffer
1/2 Bund Schnittlauch, gehackt

Die geschnittenen Kartoffeln völlig abkühlen lassen und in eine Salatschüssel geben. Die Schalotte und die Bohnen mit den Kartoffeln mischen. Ruhen lassen.

In der Zwischenzeit die Vinaigrette vorbereiten: In einer kleinen Schüssel das gekochte Eigelb zerdrücken. Den Knoblauch mit dem Senf und der Mayonnaise vermengen, bis eine Creme entstanden ist. Salzen und pfeffern. Den Essig hinzufügen und gründlich mischen. *Peu à peu* das Öl hinzufügen, bis eine glatte Masse entstanden ist. Diese Sauce kann dem Salat etwa 1 Stunde vor dem Servieren beigefügt werden.

Kurz vor dem Auftragen die geviertelten Eier sowie Schnittlauch hinzufügen.

Da auch, die Stimme der Gene!

Wir und die Kirschen

Sie *(meine sehr gute Freundin).*

Ich *(meine Wenigkeit, also ich).*

Sie: Schau mal, diese Striche, seit heute früh, muss wohl falsch gelegen haben ...

Ich: Ist nicht schlimm, vergeht doch, warte mal ab.

Sie: Es ist aber bereits drei Uhr nachmittags, das heißt, seit heute früh um 6.00 Uhr habe ich die, und die verschwinden nicht!

Ich: Wie viele Stunden macht das?

Sie: Moment mal, muss nachrechnen!

Ich: Entspann dich und schenk mir nach *(wir feiern nämlich ein großes Ereignis bei ihr)!*

Sie: Was mache ich, wenn die Striche bleiben?

Ich: Sie bleiben nicht, hör auf, morgen ist es vergessen. Lassen wir dieses Thema mit dem »Genau-hingucken-wollen«, es deprimiert nur!

Sie: Neulich habe ich den Spiegel rausgeholt und etwas anderes angeschaut!

Ich: Was denn?

Sie: Was wohl?

Ich: Und? Noch da?

Sie: Ja, aber nicht mehr so straff wie früher!

Ich: Nie dran gedacht, danach zu schauen! Aber was spielt es für eine Rolle? Wer guckt sich das überhaupt an?

Sie: *(nur Grinsen)*

Ich: Dein Harem von impotenten Verehrern?

Sie: Nein, so weit kommen sie gar nicht!

Ich: Wo liegt das Problem? Ich wusste nicht mal, dass wir auch da älter werden können!

Dieser Dialog wird mühsam. Wissen Sie, dass Italiener diesen weichen, schönen, fruchtigen, verlockenden, anziehenden Körperteil *figa* nennen? Und dass die Feige meine Lieblingsfrucht ist? Und dass es kein besseres Rezept gibt, als diese reif vom Baum zu pflücken? Wenn die weiche, klebrige Milch runtertropft? Mit den Zähnen, voll in die süße Frucht zu beißen? Das rote Fleisch auf der Zunge zergehen zu lassen? Und dann der Spruch der Kinder: »*Maman* hast du gemerkt, dass die Feigen voller Würmer sind?« Und siehe da, diese süßen Kleinen haben recht! Seit Stunden beiße ich in Würmer und Feigenfleisch!

Also ein süßes Rezept ohne Würmer, aber mit Kirschen, und zwar der berühmte – zumindest für jede Französin – Kirsch-Clafoutis! Ein Muss, ein Genuss!

Clafoutis aux cerises

Kirschauflauf

...lässt sich auch mit anderen Früchten wie Pfirsichen oder sehr reifen Aprikosen machen. Auch im Winter mit Backpflaumen oder Äpfeln.

750 g Kirschen (à 6 Euro das Kilo ein teures Vergnügen, aber wer will schon über Geld reden?)
1 Päckchen Vanillezucker
Alkohooooooooooooool:
1. Wahl: Grand Marnier,
2. Wahl: Cointreau,
3. Wahl: Amaretto, 10. Wahl: Rum
3 Eier (ich nehme immer glückliche Eier von glücklichen Hühnern! Bringt Glück!)
3 EL Zucker
3 EL Mehl
etwa 300–350 ml frische Milch
Puderzucker, Zimt, Butterflocken

Also wenn Sie sich die Kirschen leisten können, dann den Grand Marnier auch!

Die Kirschen mit Stein – sonst verlieren sie ihren Saft (schließlich sind Sie gut versichert und haben ein vertrauensvolles Verhältnis zu Ihrem Zahnarzt!) in ein ofenfestes Gefäß legen – bitte ohne Stängel. Mit Vanillezucker und Alkohooooooooooooool Ihrer Wahl beträufeln. Etwa 1 Stunde ziehen lassen. Backofen auf 160 °C (Umluft) erhitzen. Zwei Schüsseln bereitstellen.

In der einen schlagen Sie die glücklichen Eier mit dem glücklichen Zucker zusammen. Mit dem Schneebesen rühren, bis der Zucker sich aufgelöst hat. Die Mischung auf die 3 EL Mehl in der anderen Schüssel kippen, tüchtig rühren, um Klumpen zu vermeiden. In der Zwischenzeit haben Sie Ihre Lieblingskuh – Anais – gemolken! Was hatten Sie sonst zu tun? Die schäumende Milch langsam in die Schüssel gießen, rühren, bis der Teig Ihren Holzlöffel zart umhüllt (ein bisschen wie beim Pfannkuchenbacken, oder machen Sie keine Pfannkuchen?). Sie können dieser Mischung auch eine Handvoll Kokosflocken hinzufügen.

Den Teig über die mittlerweile voll gesogenen, prallen Kirschen gießen und die Form in den Ofen schieben. Nach ungefähr 20 Minuten mit Zucker und Zimt bestreuen, ein paar Flocken Butter auflegen, kurz schmelzen lassen und die Bande zu Tisch bitten! Es ist der beste Nachtisch, es ist eine Mischung aus süß und süß, die prallen Kirschen knacken im Mund, der Grand Marnier gibt eine ganz besondere Note und der Clafoutis lässt sich:

Dampfend heiß, heiß, warm, lauwarm oder auch kalt genießen. Viel Spaß!

Sado-Maso und Capellini

Ist es nicht irre, eine Tochter zu haben, ich meine, eine große Tochter? Töchter sind immer gut drauf – abgesehen von den 250 Tagen im Jahr, wo sie mit einer langen Miene am Frühstückstisch erscheinen. Meine – 19-jährig – sagte neulich und zuckersüß: »*Maman*, gehen wir zusammen in die Stadt?« Richtig übersetzt: »Ich brauche Klamotten und es wäre schön, wenn du zahlen würdest!« Also – voller Enthusiasmus – steigen wir in die U-Bahn: Das Leben ist schön, die U-Bahn neu, das Wetter regenfrei, die Straßen und Boutiquen sind voll. Wir gehen nur in Läden, wo allein die Frage nach Größe 38 als Zeichen der Obesität gedeutet wird, aber ich bin gut gelaunt und meine Tochter probiert und probiert und »*Maman*, wie sieht das aus?«, und »Was meinst du dazu?«. Ich fange an, mich zu langweilen, und schaue selber nach etwas Brauchbarem. Und siehe da: ein Fetzen – soll Minirock heißen – schottisches Muster! 15 Euro! Genial! Und dazu eine schwarze Plastikjacke, gleicher Preis. Meine Tochter kommt aus der Umkleidekabine und ich stolziere rum mit einer schwarzen Plastikjacke mit silbernen Schnallen und einem Stück Stoff, welches kaum meinen Hintern bedeckt! Der niederschmetternde Kommentar meiner Tochter: »So siehst du wie eine Sado-Maso-Lesbe aus, und ich will nicht mit dir in diesem Outfit ausgehen!« Was weiß mein Baby, mein Zuckermäuschen, mein Sophielein über Sado-Maso-Lesben? Was habe ich versäumt, was habe ich falsch gemacht? Nun, die Plastikjacke wird schnell zu meiner Lieblingsjacke, und dieses Gericht gehört zu den Lieblingsgerichten – bei Jung oder Alt, Sado-Masos, frustrierten Müttern, pubertierenden Töchtern und überhaupt:

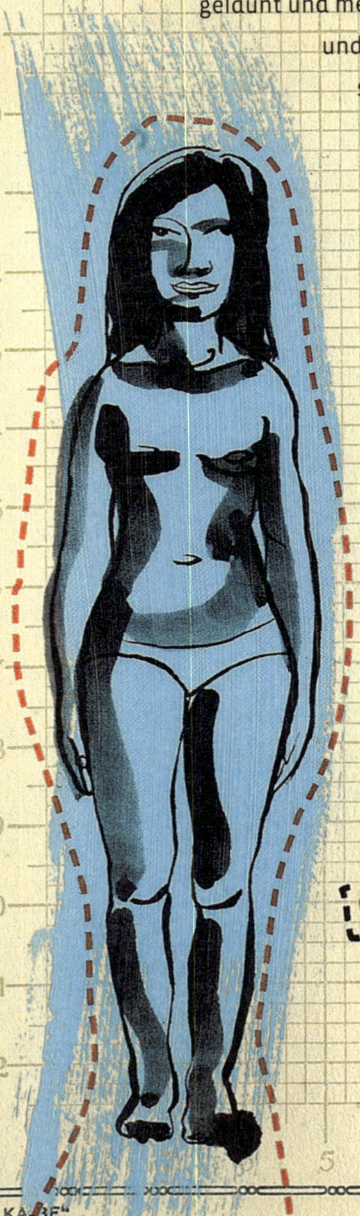

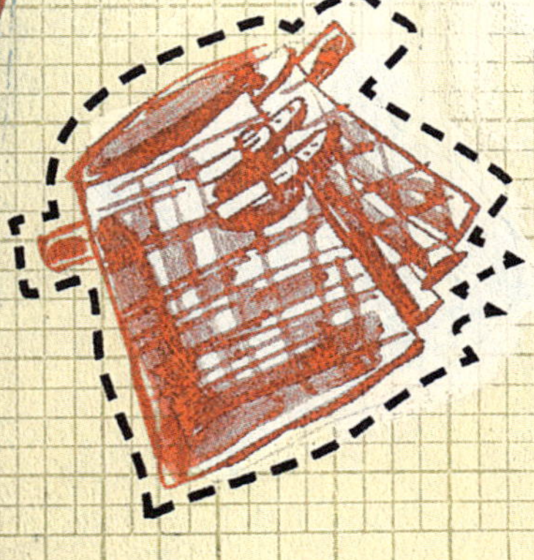

„KA-BE"

Capellini mit Vongole und grünem Spargel

500 g Capellini – noch feiner als Spaghettini – ein Gedicht!
1 Bund grüner Spargel! Ja, sorry, muss sein. Wenn nicht vorhanden, dann beim Asiaten schauen! Falls nicht vorrätig, auf die nächste Saison warten!
1 EL Butter
2 EL Olivenöl
1 Schalotte, fein geschnitten
1 durchgepresste Knoblauchzehe
2 Tomaten (entweder frische, enthäutet und entkernt, oder Dosenware)
1 Glas Weißwein
2 Zweige Rosmarin
15 Blätter frischer Oregano
10 schwarze Pfefferkörner
800 g frische Vongole, gesäubert und abgetropft … mittlerweile kennen Sie ihn ganz gut, oder? Den Fischmann!
Salz

Den Spargel kurz in heißem Salzwasser al dente kochen. Abtropfen lassen und nur die obere Hälfte zurückbehalten (den Rest können Sie beispielsweise als Salat mit einer Vinaigrette servieren). In einem großen Topf Butter und Olivenöl heiß machen. Rasch Schalotte und Knoblauchzehe anschwitzen, danach die Tomaten hinzufügen sowie den Wein, Salz, Pfeffer und die Kräuter. Den Deckel auflegen und warten, bis der Sud kocht.

Vongole rein tun und den Deckel fest schließen. In der Zwischenzeit die Capellini in kochendem Salzwasser mit einem Schuss Olivenöl 3 Minuten weich kochen.

Wenn die Gäste gute Bekannte sind, können Sie die Vongole samt Muschelschalen servieren. Es ist ein heiteres Erlebnis, zu beobachten, wie jeder mit den kleinen Muscheln kämpft, wie jeder am Anfang mit erhobenen kleinen Fingern das zarte Fleisch aus der Schale zu lösen versucht und wenig später mit vollen Händen in die Teller greift. Wenn Sie diese Variante nicht vorziehen, dann die Capellini warm halten, Vongolefleisch aus den Schalen lösen und in den Sud zurückschütten. Kurz, sehr kurz (!) aufkochen und Vongole, Spargel und Sud mit den Nudeln mischen.

Sehr, sehr lecker!

Erdbeeren und Himbeeren

Ich lerne nie aus, dabei glaubte ich ernsthaft, in manchen Dingen einiges gelesen, gehört, erlebt, gesehen zu haben. Aber dann kam *Sex in the City* und ich sah, dass ich noch null Ahnung hatte. Stellen Sie sich vor, man (bzw. wir Frauen) können uns etwas über die Brustwarzen stülpen, damit wir erregt oder erregender aussehen! Das macht Samantha und nach erfolgreichem Verführungsmanöver entfernt sie blitzschnell die *fakes* und wirft sie weg. Leider wird nicht gezeigt, ob der Schöne enttäuscht ist, wenn er ihr den Pullover auszieht; er kümmert sich sowieso um ganz andere Körperteile. Also bleiben wir bei unseren oberen Teilen, und wie komme ich jetzt darauf? Weil ich gerade eine Pause zwischen zwei Regenschauern genutzt habe, um Himbeeren zu pflücken, und Himbeeren erinnern mich immer an unsere Brustknospen. Eigentlich lehne ich ab, diese »Warzen« zu nennen! Ich brauche nicht zu erläutern, weshalb, oder? Eine Knospe oder eine Himbeere nimmt man(n) (dieses Mal lasse ich es so) sehr gerne in den Mund, und Frau und Kind und alle nehmen folgenden Nachtisch mehr als genüsslich zu sich:

Charlotte aux fraises et framboises

Charlotte mit Erdbeeren und Himbeeren

Am Vortag zubereiten!

200 g Löffelbiskuits
Grand Marnier, Cointreau oder Rum
300 g Johannisbeergelee
500 g Erdbeeren
250 g Himbeeren
300 g Schlagsahne
1 Becher Crème fraîche

In einer runden Form mit hohen Rändern (Soufflé-Form) eine Schicht von in Alkohol getunkten Löffelbiskuits legen.

Das Johannisbeergelee leicht mit Alkohol verrühren und auf die Biscuits streichen. Die nächste Schicht besteht aus Erdbeeren (in große Scheiben geschnitten) und Himbeeren. Schlagsahne mit Crème fraîche vermischen und eine Schicht über die Früchte geben. Vorgang wiederholen, bis alle Zutaten verbraucht sind. Die letzte Schicht besteht aus Biskuits.

Die Form mit Alufolie bedecken und etwas Schweres (ich nehme Konservendosen) auflegen, damit die Masse sich setzt. Für 12 Stunden in den Kühlschrank stellen.

Kurz vor dem Servieren die Charlotte mit einem Messer ringsherum lösen und auf eine Platte stürzen. Mit restlichen Erdbeeren und Himbeeren – evtl. auch Johannisbeeren – dekorieren und servieren.

Ein sehr imposanter Nachtisch, eine Kalorienbombe: einfach, sinnlich und himmlisch!

Die Einzige und Thailändischer Salat

Ist es schon 22 Jahre her, dass ich da lag, sie in meinen Armen, schreiend, ihre kleinen Hände schon zu Fäusten geballt? Drei Wochen zu spät löst sie sich von mir, 18 Stunden habe ich gebraucht, um sie auf die Welt zu bringen. Mein Körper fühlt sich an, als ob ich unter einem LKW geraten bin, aber ich habe eine kleine Tochter im Arm. Der Tradition von Generationen treu, gebäre ich eine einzige Tochter und selten in meinem Leben habe ich ein so überwältigendes Gefühl erlebt, wie an diesem Nachmittag.

Während der ersten drei Monate schreit unsere Kleine pünktlich zur Uhrzeit ihrer Geburt. Sie schreit täglich, bis ihr Vater nach Hause kommt und sie bäuchlings auf seinem Unterarm trägt, ihren Kopf sanft in seine weiche Hand geschmiegt. Er schreitet geduldig die 80 m^2 unserer damaligen Wohnung auf und ab, bis sie sich beruhigt.

Mit drei Jahren sagte sie einem unserer Freunde, als er gerade in unser Auto einstieg: „Nicht wahr Peter, du liebst deine Frau nicht mehr“. Mit diesem Satz war der Tag gelaufen, und sie hatte ihre Frühreife und überdurchschnittliche Empfindsamkeit bewiesen. Sie wuchs heran, schön, stolz, schwierig, sensibel – alle Prädikate mit S! Und jetzt, wo sie erwachsen ist, kann ich nur noch staunen. Ihr Zuhause ist die Bühne. Oft frage ich mich, woher sie den Mut nimmt, sich hinzustellen, und die Lesbe, die Großmutter oder die nymphomanische Geschäftsfrau zu spielen? Wenn ich im Theater sitze und sie auf der Bühne sehe, kann ich nicht umhin, sie zu beneiden: Sie weiß, was sie will, was sie bewegt, und sie geht zielstrebig darauf zu. Das wusste ich bestimmt nicht, mit 22 Jahren. Ob ich es jetzt mit 50 Jahren weiß, ist eine ganz andere Frage.

Sie mag: Nur Silberschmuck (wem werde ich bloß meinen Goldschmuck vererben?), die Welt bereisen, ihre Brüder, Jungs mit Hirn, das Oktoberfest, *Desperate Housewives* anschauen. Und sie lehnt ab, Tierbabys zu essen, womit einige meiner Lieblingsrezepte für sie entfallen. Die wenigen Male, an denen sie noch mit uns zu Abend isst, verwöhne ich sie mit einem sehr originellen thailändischen Salat:

Thailändischer Salat

2 EL Schalenabrieb von einer unbehandelten Limette
1/4 EL Limettenensaft, frisch gepresst
2 EL Ingwersirup
2 EL Distelöl
1 EL helle Sojasauce
1/2 TL Sambal oelek (indonesische Würzsauce, siehe Glossar)
1/2 TL Salz
1 EL frischer Ingwer, fein gehackt
1 Knoblauchzehe, fein gehackt
2 EL Koriandergrün, fein gehackt

Alle Zutaten der Reihe nach vermischen und bis zum weiteren Gebrauch kühl stellen. Passt sehr gut zu grünem Salat, Tomaten, gekochten Eiern, Gurken.

Kleiner Tipp: Dem Salat einen Bund thailändischen grünen Spargel (kurz blanchiert) beigeben. Wenn genügend Geld in der Kasse ist, dann gibt es noch Riesengarnelen dazu (entdarmt und rasch in heißem Öl mit Knoblauch angebraten) – allerdings nur, wenn Sophie nicht dabei ist, denn Meeresfrüchte mag sie nämlich auch nicht, unsere Kleine!

Pariser und Paprika

Die Situation: Ich sitze in einem Zelt, mitten in der Sahara. Ist doch banal, oder? Passiert Ihnen doch bestimmt permanent! Und der Kamelführer und ich reden und reden, und ich schneide Paprikaschoten, und der junge Berber (Koch, Kamelführer, Reiseleiter, Apotheker, Seelenfürsorger ... alles in einer Person) schenkt mir stark gesüßten Pfefferminztee ein. Auf einmal sind wir beim Thema der Themen angelangt: Wir reden über Frauen! Und ich denke, als Mitbringsel habe ich dieses Mal keine Kugelschreiber oder Bonbons mitgebracht, sondern – bereichert durch die Erfahrung aus dem Senegal, ich meine in dem Sinn, dass ich den Leuten eine Freude machen will – diesmal habe ich Kondome mitgebracht.

Und spontan schenke ich sie ihm! Er ist vollkommen glücklich, völlig überrascht. Ein ungutes Gefühl überkommt mich, und schon ist die Frage da: »Warum hast du welche dabei?« Und clac; clac; clac, ich kann in sein Hirn sehen, kann seine Gedanken lesen; und ich habe es mir – wie so oft – nicht vorher überlegt ...: »Sie sind hier wegen Sextourismus!« *Welcome to the club* der alten, unbefriedigten, ungesättigten Frauen! Ich gehöre jetzt – für ihn zumindest – zu der Kategorie Frauen, die ich so oft bei meinen Reisen bemitleidet und doch immer mit Neugier angestarrt habe und die mich ab und zu angeekelt haben ... und jetzt gehöre in den Augen eines 28-jährigen Kameltreibers ganz klar dazu! Warum gehen viele Frauen alleine, bzw. nicht in Begleitung eines Mannes, in die Wüste? Nicht, um die unermessliche Schönheit der endlosen Dünen zu bewundern, sondern um ge------ zu werden! Meine einzige Reaktion war, knallrot zu werden, meinen Turban tiefer ins Gesicht zu schieben und mich aufs Paprikaschneiden zu konzentrieren. Das Ergebnis war folgender marokkanischer Salat:

Salade marocaine

Paprikasalat

Je 1/2 grüne und gelbe Paprikaschote, sehr fein geschnitten
3 reife Tomaten, sehr fein geschnitten
1 Gurke, sehr fein geschnitten
1 Zwiebel, sehr fein geschnitten
2 Knoblauchzehen, sehr fein geschnitten
1 reife Orange, in dünne Scheiben geschnitten
nach Belieben: schwarze Oliven oder Thunfisch aus der Dose

Für die Sauce:

Salz, Pfeffer
1 EL Weinessig
3 EL Olivenöl
1 kleiner TL Kreuzkümmel
1 Prise Raz-el-hanout (siehe Glossar)
1/2 TL edelsüßes Paprikapulver
Harissa (siehe Glossar)

Das sehr fein und gleichmäßig geschnittene Gemüse miteinander vermengen.

Die Zutaten für die Sauce ebenso. Diese erst kurz vor dem Servieren unter den Salat rühren. Die Orange und nach Belieben Oliven oder Thunfisch oder gar nichts auf dem Salat anordnen. Mit frischem Fladenbrot servieren. Harissa dazustellen, damit sich jeder nach Belieben bedienen kann.

Erika, die Intensive

Wenn ich bis tief in die Nacht hinein mit einer Frau rede, die alles verloren hat, was ihr wichtig war, dann weiß ich, dass ich am Ende dieser Nacht immens reicher sein werde. Sie sitzt mir gegenüber, mit ihrem kleinen Chanel-Kostüm, lauter rosa Töne voller Zartheit, Perlen um den Hals und an den Ohren. Ihre Augen glänzen vor Intelligenz, Witz und Lebenslust und mit einem Glas Wein in der Hand spricht sie sofort an, was sie bewegt. Es wird kein langweiliger Abend des Small Talks, der Nichtigkeiten, der Oberflächligkeiten und doch wird es kein ernster, trauriger Abend.

Es wird viel gelacht, ernsthaft nachgedacht, es wird das Leben zelebriert. Am schön gedeckten Tisch essen wir ausgiebig und lange, der Wein fließt, kühl und leicht. Ich will ihre Malheurs nicht aufzählen, aber Brustkrebs – der Krebs der Mütter, die zu sehr lieben –, Depression, tragischer Verlust des einzigen Sohnes sind einige der markanten Ereignisse ihres bewegten Lebens. Während ich sie beobachte und zuhöre, wie sie sich für ein neues Projekt begeistert, begreife ich, dass sie mir eine wichtige Botschaft mit auf den Weg gibt: Wir besitzen gar nichts auf dieser Welt, außer diesen Augenblick.

Es ist keine traurige Feststellung. Alles um uns herum – sowohl Materielles als auch Menschliches – ist sehr vergänglich. Wir begegnen Leuten, bringen Kinder zur Welt, die, sobald sie unseren Leib verlassen, uns nicht mehr gehören, wir gehen ein Stück des Weges gemeinsam, manchmal viele Jahre, manchmal kurze Augenblicke.

Die Dauer der Begegnung verringert nicht im Geringsten ihren Wert. Und wenn wir es schaffen, mit diesem Bewusstsein den Tag zu erleben, wird unser Leben reicher, intensiver und auch leichter. Ich bin noch nicht so weit, es zu verinnerlichen. Das Leben ist bislang sehr gut zu mir gewesen und viel zu oft lege ich Wert auf Unwesentliches. Oder Aussagen von anderen bestimmen meine Laune oder gar meinen Tag. Das darf nicht so sein.

Der Verlust eines Kindes würde mich um meinen Verstand bringen, es wäre der innere Tod, wahrscheinlich der körperliche auch. Ich lerne von Erika, denn so ist ihr Name, dass das Leben nur jetzt stattfindet, in diesem Moment, wo wir beide ein Blatt Artischocke in eine glänzende und safrangelbe Mayonnaise tunken. Nur das ist wichtig. Alles andere ist vergangen oder noch nicht erlebt. In diesem Sinne, einen intensiven Tag in Minutentakten!

Mayonnaise

Ist es unverschämt, Ihnen Mayonnaise vorzustellen? Nein, ich denke nicht. Denn Mayonnaise-Machen ist eine Kunst, die derzeit verloren geht. Thomy macht es mit Kraft! Das ist vielleicht in Ordnung, wenn Sie nur einen Esslöffel benötigen, aber wenn Sie Artischockenböden oder Spargel oder irgendein Gemüse – idealerweise lauwarmes – lediglich mit Mayonnaise servieren, dann muss sie selbst gemacht sein.

Das A und O der Mayonnaise ist die Temperatur der Zutaten. Alle müssen die gleiche Zimmertemperatur haben, sogar die Rührschüssel! Sie stellen folgende Zutaten am besten eine Stunde vorher bereit:

3 sehr frische Eigelb (klein) oder 2 große
1/2 TL Senf (Maille oder Dijon)
Salz, Pfeffer
etwa 300 ml Maiskeimöl
1/2 TL Safranfäden, in 2 EL heißem Wasser eingeweicht und wieder abgekühlt

Diese Sauce ist sehr gut für Ihre Armmuskulatur und bedingt, dass Sie sich lediglich darauf konzentrieren. Wie auch die Sauce hollandaise, versteht diese keinen Spaß und verträgt keine Vernachlässigung.

In einem Glasgefäß (ein nasses Schwammtuch darunterlegen, damit das Gefäß Ruhe gibt!), Eigelb mit Senf, Salz und frisch gemahlenem Pfeffer kräftig verrühren. Tropfenweise das Öl hinzufügen und immer weiterrühren – ohne Unterbrechung. Die Mischung nimmt eine merkwürdige Konsistenz an ... als ob sie dabei wäre, umzukippen. Es ist normal, rühren Sie weiter. Es ist schwierig, ein genaues Maß für das Öl anzugeben. Es hängt von Ihrem persönlichen Geschmack (manche mögen es öliger) und von der Qualität des Öls ab.

Wenn die gewünschte Konsistenz erreicht ist, abschmecken und einen TL des Safransuds hinzufügen (den Rest für ein anderes Gericht verwenden).

Kleine Tipps rund um die Mayonnaise:

— Am besten schmeckt sie, wenn sie sogleich verzehrt wird. Im Kühlschrank hält sie sich höchstens einen Tag.
— Sie können eine misslungene Mayonnaise retten, indem Sie tropfenweise heißes Wasser hinzufügen.
— Ihrer Fantasie sind keine Grenzen gesetzt: Anstatt mit Safran können Sie die Mayonnaise mit Nüssen, Kräutern, Tomatenmark und so weiter variieren. Mir schmeckt sie wie oben beschrieben am besten.

Lise Charmel
„KA-BE"

Der Tag und die Paella

Heute hasse ich den Tag. Um 6.30 Uhr holt mich der Wecker aus einem komaähnlichen Schlaf. Taumelnd gehe ich ins Bad. Vielleicht hätte ich gestern auf das letzte Glas verzichten sollen. Ich bringe ein paar Obstfliegen um, nicht ohne Mühe, die sind vitaler als ich, was heute kein Kunststück darstellt! Nehme mein Duschtuch, gehe in die Dusche, bringe weitere Obstfliegen um, schleiche zurück ins andere Bad, vermeide einen vorwurfsvollen Blickkontakt mit dem Spiegel, creme mich ein, kämme mich bewusst nicht und sage mir, dass der einzige Weg, um aus der heutigen Depression zu kommen, der ist, die knallrote obergeile Unterwäsche von Lise Charmel anzuziehen. Wenn das nicht hilft, dann kann ich gleich wieder ins Bett gehen!

Also gebe ich mir einen Tritt in meinen Hochwertigen, gehe runter, mache das Frühstück, bringe weitere Obstfliegen um, füttere die Katzen (und bemühe mich, sie nicht zu treten, wenn sie so blöd und penetrant miauen!), wecke Lucas (und bemühe mich, nicht durchzudrehen, als er brüllt: »Ich will nicht in die Schule!«), bleibe ein bisschen bei meinem Mann am Tisch sitzen, während er frühstückt (und bemühe mich, geduldig zu bleiben, während er stundenlang – so kommt es mir jedenfalls vor – sein Müsli kaut und mich wortlos mit großen oder heute mit kleinen blauen Augen anstarrt), und ich frage mich, wie ich diesen Sch...tag aushalten soll.

Ein Blick in den Kalender genügt, um mir zu beweisen, dass meine Hormone wieder verrückt spielen! Ja und? Ich will auf der Stelle verwöhnt werden, und zwar am liebsten damit:

„KA-BE"

Paella

Für 6 Personen:

500 g Arborio-Reis
sehr gutes Olivenöl
1 kg Miesmuscheln
500 g Venusmuscheln
2 große, reife Tomaten, geschält und grob geschnitten
2 Schalotten, grob gehackt
8 Knoblauchzehen, 6 davon gehackt, 2 halbiert
1 Lorbeerblatt, 8 schwarze Pfefferkörner
200 ml trockener Weißwein
1 rote Chilischote, fein gehackt (Samen und Scheidewände entfernt)
200 g Tintenfisch-Tuben, geputzt und in Ringe geschnitten
1 EL helle Sojasauce
12 Riesengarnelen, geschält
2 große weiße Zwiebeln, gehackt
200 g Pilze, in dünne Scheiben geschnitten
2 EL Petersilie, fein gehackt
1 große rote Paprikaschote, Scheidewände entfernt und fein gehackt
eine kräftige Prise mildes Paprikapulver
2 Hühnerbrüste, in mittelgroße Stücke geschnitten
1 EL mildes Currypulver
1 Chorizo (siehe Glossar), geschält und in grobe Stücke geschnitten
1 l Fischbrühe
1/2 TL Safranfäden (siehe Glossar), in etwas heißem Wasser eingeweicht
Salz und Pfeffer

Das Geheimnis dieses Rezeptes – vom Aufwand abgesehen! – ist, dass alle Zutaten (mit Ausnahme der Muscheln) nach und nach in einer Pfanne gebraten werden.

Den Reis gründlich spülen und abtropfen lassen. In einem großen Topf 3 EL Olivenöl erwärmen, die Tomaten, Schalotten und den halbierten Knoblauch anbraten. Lorbeerblatt und Pfefferkörner hinzufügen und mit dem Weißwein ablöschen. Die Hitze erhöhen und alle Muscheln in den Topf geben. Deckel sofort aufsetzen und 7 Minuten kochen lassen. Ab und zu am Topf rütteln. Alle Muscheln sollten sich geöffnet haben (geschlossene wegwerfen). Den Topf beiseitestellen und abkühlen lassen.

„KA-BE“

1 EL Olivenöl in der Paella-Pfanne erwärmen und die Chilischote kurz anbraten. Rasch die Tintenfische dazugeben, braten, bis sie die Farbe wechseln, 1 EL Sojasauce darüber träufeln und aus der Pfanne nehmen. Beiseitestellen.

3 El Olivenöl in der Paella-Pfanne erwärmen und 3 der gehackten Knoblauchzehen kurz anbraten. Sofort die Riesengarnelen hinzufügen und unter Wenden braten, bis sie die Farbe gewechselt haben. Es geht sehr schnell. Aus der Pfanne nehmen und beiseitestellen.

2 EL Olivenöl in der Paella-Pfanne erwärmen und 2 der gehackten Knoblauchzehen sowie die Hälfte der weißen Zwiebeln glasig braten. Die Pilze hinzufügen, salzen und pfeffern und mit Petersilie bestreuen. Wenn die Pilze durch sind, aus der Pfanne nehmen und beiseitestellen.

1 EL Olivenöl in der Paella-Pfanne erwärmen und den Rest der Knoblauchzehen sowie restliche weiße Zwiebeln glasig braten. Die gehackte Paprikaschote hinzufügen, mit Salz, Pfeffer und Paprika würzen. Bei milder Hitze fast weich kochen. Aus der Pfanne nehmen und beiseitestellen.

1–2 EL Olivenöl (je nachdem, wie ölig die Pfanne mittlerweile ist) erwärmen und die Hühnerstücke anbraten. Salzen und pfeffern und mit Curry bestreuen. Nur 8–10 Minuten braten, aus der Pfanne nehmen und beiseitestellen.

KEIN Öl in der Paella Pfanne erwärmen und die Chorizo-Wurst anbraten. Sie ist sehr fett. Aus der Pfanne nehmen und beiseitestellen.

Mittlerweile sind die Muscheln nicht mehr so heiß; Muschelfleisch aus den Schalen lösen (einige schöne Exemplare in der Schale belassen, als Dekoration), in eine Schüssel legen und den Sud durch ein feines Sieb passieren, dabei auffangen.

4 EL Olivenöl in der Paella-Pfanne erwärmen und den abgetropften Reis glasig anbraten. IMMER RÜHREN, er brennt gerne an. Immer wieder mit der Fischbrühe begießen. Wenn die Brühe nicht reicht, warmes, leicht gesalzenes Wasser verwenden.

Kurz bevor der Reis gar ist, alle Zutaten hinzufügen. Abschmecken. Den Muschelsud sowie Safran samt Einweichwasser hinzufügen und umrühren. Zuletzt die für die Dekoration aufbewahrten Muscheln auf das Gericht legen, nur ganz kurz zugedeckt erwärmen.

Sofort servieren.

„KA-BE“

Völkerverständigung und Red Snapper

Ich bin sehr jung, etwa 16, und mache alles, was meine Eltern mir immer verboten haben. Sie haben für mich einen Sprachkurs an der Uni Freiburg im Breisgau gebucht: Deutsch für Ausländer. Mein Quartier: Ein Heim bei den Nonnen, wo am Abend spätestens um 21.00 Uhr die Tür zugemacht wird. Ich werde nur wenige Nächte dort verbringen. Ich fühle mich jung, frei, verliebe mich in einen langhaarigen, bärtigen Türken – eine Albtraumvorstellung für meine Eltern –, der sehr liebevoll ist, und obwohl ich die Nächte bei ihm verbringe, bleibe ich noch jungfräulich. Aber wir haben Lust auf Abenteuer und beschließen, für das Wochenende nach Norden zu ziehen, Richtung Heidelberg oder so. Also ziehen wir los und trampen auf der Autobahn. Es ist sehr heiß in diesem Sommer, aber wir haben Glück. Ein sehr dunkelhaariger Mann hält an und nimmt uns mit. Wir kommen ins Plaudern, er mit mir. Er fragt, woher wir kämen. Und ich mache den fatalen Fehler, als Erstes die Nationalität meines Freundes bekannt zu geben, anstatt mit mir anzufangen! Als er das Wort Türke hörte, bremst er mitten auf der Autobahn und befiehlt uns, auszusteigen. Ich kann nicht mal sagen, ich bin Französin und habe mit eurem blöden Konflikt nichts am Hut – er kam aus Griechenland –, schon sitzen wir in der prallen Hitze an einer Stelle, wo wir nicht sein dürfen. Kurz danach erbarmt sich einer und nimmt uns mit: Ein junger Mann aus Amsterdam, der Drogen zwischen Deutschland und den Niederlanden schmuggelte und das Auto damit vollgestopft hatte. Es konnte nicht besser kommen, oder?

Immerhin hat er uns mitgenommen!

Schließlich bin ich hier, um Deutsch zu lernen, oder? Aber das tat ich auch!

Es hätte übrigens schlimmer kommen können. Ich hätte mich ernsthaft verlieben, eine Heirat beabsichtigen, gar meine Eltern in das »Großelterntum« katapultieren können! (Meine Mutter hat immer gesagt: »Dann würden wir einen Herzinfarkt bekommen, aber vorher würde ich dich enterben!«)

Liste der Delikte, die ich im Laufe dieser Erzählung laut Elterngesetz gebrochen habe:

- Ich schlafe an einem Ort, von dem sie nichts wissen.
- Neben mir liegt ein lang- und dunkelhaariger Mann. (Wenn er wenigstens blond gewesen wäre!)
- Er ist Türke.
- Ich trampe.
- Ich bin alleine mit einem Mann auf der Autobahn.
- Ich gebe mich mit Schmugglern und Abschaum ab.

Dieser Freund – Ozan – hat mich sehr verwöhnt, mir Tee gekocht, wenn ich Bauchweh hatte, und mir bei der deutschen Grammatik geholfen, denn er war begabt. Wir haben nie miteinander gekocht, aber wenn wir es versucht hätten, hätte das dabei rauskommen können:

Red Snapper mal anders

800 g Red Snapper (Filets)
1 Stück Ingwer, etwa 4 cm lang
3 Schoten Tamarinde, in heißem Wasser eingeweicht (siehe Glossar, diese getrocknete Frucht ist im Asia-Laden auch als Paste erhältlich; in diesem Fall: 1/2 TL in 3–4 EL Wasser auflösen)
2 EL Sojasauce
Olivenöl
Butter
1 Bund Koriander, fein gehackt
Salz, Pfeffer
rosa Pfeffer

Die Fischfilets mit Salz und Pfeffer einreiben, in eine Keramikschüssel legen, mit dem geschälten, fein geschnittenen Ingwer bestreuen.

Die Tamarinden mitsamt dem Einweichwasser (Kerne entfernen) auf die Filets gießen. Die Sojasauce dazugeben und das Ganze etwa 1 Stunde ziehen lassen. Dann abtropfen lassen, trockentupfen.

Einen Schuss gutes Olivenöl und ein Stück Butter in einer großen Pfanne erhitzen. Die Fischfilets anfänglich scharf anbraten, schnell die Hitze reduzieren. Gegen Ende der Bratzeit den Koriander und den im Mörser grob zerstoßenen rosa Pfeffer drüberstreuen.

Empfohlene Beilage:

Schwarzer Reis, Kürbis (gekocht und in Olivenöl mit einigen Pinienkernen geröstet) und nach Belieben jedes andere grüne Gemüse.

Haarig und melonig

Früher, als junges Mädchen, verbrachte ich viel Zeit vor dem Spiegel. Ich versuchte verzweifelt, diese fortdauernde Akne zu bewältigen. Von der Schwefelmaske bis zu den Gurkenscheiben, ich ließ nichts unversucht, um meine Haut zu retten. Erst die Pille – und zu meiner Zeit war die Pille so stark, dass sie eine ganze Herde Stuten unfruchtbar hätte machen können – brachte Ruhe auf meine Haut und Unruhe in mein Leben. Aber das ist eine andere Geschichte. Dann kam die Liebe, die Arbeit, die Kinder, die Zeit vor dem Spiegel war eigentlich kurz, also gesund. Jetzt wendet sich das Ganze wieder. Unter dem Motto: Rettung von gefährdeten Gebäuden, Restaurierung von Monumenten, Aufmöbelung von beschädigten Teilen, Aufpolsterung von schlaffen Stücken, Fassadenrenovierung, Bautenschutz ... die Liste lässt sich endlos weiterführen. Und ich will Sie damit nicht langweilen, aber trotzdem! Etwas muss ich loswerden! Von wegen, unser Haar wird mit dem Alter schütterer! Also wirklich nicht überall, oder? Wenn ich nicht ein – nicht mehr Adlerauge, sondern ein bebrilltes – Auge darauf hätte, dann, dann, dann würde sich meine Bikinizone bis in die Kniekehlen ausdehnen, dann hätte ich auf der rechten Backe ein schwarzes Haar auf einem Muttermal, dann würden mir Haare auf der Brust wachsen, dann hätte ich auch Locken auf den Hinterschenkeln. Ausgerüstet mit Rasierer, Rasierschaum, Wachs, Pinzette, Enthaarungscreme und weiß der Geier noch alles, mache ich eine andauernde und gnadenlose Jagd auf unerwünschtes Haar. Der Übergang zum unteren Rezept hinkt sehr, aber es darf auch kein Haar in die Suppe kommen, oder?

Melonensuppe
aus Mexiko

Für 6 Personen:

3 reife Melonen (mit orangefarbenem Fleisch: charantais)
2 EL flüssiger Honig
60 ml frischer Zitronensaft
125 ml frischer Orangensaft
80 ml Portwein
frische Minzeblätter als Dekoration

Die Melonen halbieren und die Kerne entfernen. Fruchtfleisch herauslösen, aber die Schale dabei nicht beschädigen. Das Melonenfleisch grob hacken und mit Honig, Zitronensaft, Orangensaft und Portwein im Mixer pürieren. Vor dem Servieren gut kühlen und in die gekühlten Melonenschalen als Suppentassen einfüllen. Mit den Minzeblättern dekoriert sofort servieren.

Meine Aussprache *und mon gratin*

Ich frage mich immer wieder, was sich die deutschen Männer erhoffen, wenn eine französische, weibliche Stimme am Telefon spricht. Ich kann es einfach nicht nachvollziehen. Ich spüre nur diese leichte Erregung in der Nähe ihres Hosenreizverschlusses (Hosenreißverschlusses?), eine andere Tonlage wird auf einmal angeschlagen – tiefer, rauer –, die Sprache wird intimer. Also, wenn ich eine Person als französisch erkenne, wenn sie deutsch spricht, dann wird mir eher schlecht und nicht sinnlich zumute. Wir klingen wie Bauern, wir können kein h aussprechen oder setzen es dann ein, wenn es nicht passt, zumindest ich tue das, aber es geht mir am H------ vorbei (sehen Sie? Da wo es nicht hingehört!) ... und wie wir das R aussprechen! Nein, also seien Sie mir bitte nicht böse, aber das Süße und Schöne dabei kann ich nirgends entdecken. Andererseits habe ich Ihnen neulich erzählt, es wäre mal schön, als erotisch oder sexuell anziehend betrachtet zu werden, vielleicht ist es die Chance! Und heute will ich besonders lieb mit mir umgehen, deshalb werde ich mich nicht als alte Schachtel, sondern als reife Frau bezeichnen, also noch mal, wenn ich als reife Frau, wäre es nur am Telefon, anziehend wirke, dann ... warum stelle ich mir überhaupt Fragen? Genieß es, Nathalie, genieß es, du musst nicht immer alles verstehen und begreifen und überhaupt. (Ich ~~»ficke«~~ die Fliege zu oft – bitte nicht geschockt sein, es ist ein Ausdruck – ~~nicht mal aus Frankreich sondern ich weiß nicht woher – und wird des Öfteren in unserer Familie gebraucht. Und eigentlich ist »ficken« die falsche Übersetzung dafür~~, aber wenn ich Ihnen das wirklich übersetzen würde, dann wären Sie hundertprozentig unangenehm berührt und würden dann bestimmt kein gutes Rezept mehr ausprobieren wollen). Mit diesem Ausdruck wollte ich zeigen, wie wir alles verkomplizieren. Und es ist schon komisch, aus welchen »Geschlechtsakten« oder Körperteilen die jeweiligen Länder ihre Schimpfworte beziehen. Bei uns ist der Ausdruck *quel con* gang und gäbe. Dabei wurde früher das weibliche Geschlechtsteil *con* genannt. Und gerade mit diesem Ausdruck schmeißen wir um uns, und das mit Genugtuung!

** Bei diesem Passus hat mir der Verlag alles gestrichen!*

Na gut, ich will Sie nicht mit meinen sprachlichen Anschauungen langweilen, vielleicht werde ich Ihnen eines Tages erzählen, was es tatsächlich auf sich hat, das mit der Fliege, meine ich! Und jetzt sage ich Ihnen, was ich heute Abend koche: Fleischbällchen mit Poblano-Chili (siehe Glossar) und Feta-Käse, Brokkoli in Poblano-Butter gedünstet, grüne Bohnen aus Kenia, lauwarm serviert mit Tomate und Essigmarinade und *Gratin dauphinois*.

Gratin dauphinois

Kartoffelgratin

Das ganze Geheimnis dieses Ihnen bestimmt bekannten Rezeptes ist die Zeit des Garens! Denn der Gratin braucht sehr lange bei niedriger Hitze im Backofen, damit die Sahne und die Milch wirklich die Kartoffeln durchdringen! Hoffentlich haben Sie eine Küchenmaschine!

750 g Kartoffeln, in dünne Scheiben geschnitten
2 Knoblauchzehen
1 Becher Crème fraîche
1 Becher Sahne
1/4 l Milch (ungefähr ...)
frisch geriebene Muskatnuss
Salz, frisch gemahlener Pfeffer
geriebener Käse (... je nach Geschmack.
Ich empfehle es, aber eigentlich ist es gegen
das Originalrezept ..., aber ich mag gerne, was »gegen« ist!)

Zerdrücken Sie eine geschälte Knoblauchzehe auf dem Boden der Auflaufform. Legen Sie die Form mit einer erste Schicht Kartoffelscheiben aus, salzen Sie und pfeffern Sie! So weitermachen, bis alle Kartoffeln verbraucht sind.

Den Backofen auf 120 °C (Umluft) vorheizen. In der Zwischenzeit Crème fraîche, Sahne und Milch miteinander verrühren, die zweite, leicht angedrückte Knoblauchzehe hinzufügen, nochmals salzen, pfeffern und mit Muskatnuss würzen.

Die Mischung über die Kartoffeln gießen und – nach Belieben – mit Käse bedecken. Wenn es Ihnen zu trocken vorkommt, dann am Rand der Form mehr Milch einfließen lassen.

Den Gratin ins Rohr schieben und mindestens 2 Stunden backen, bis er goldgelb ist.

Passt sehr gut zu allen Fleischgerichten und lässt sich auch mit exotischeren Speisen wunderbar kombinieren!

Das Männchen und das Krokodil

Unterschätzen Sie ihn nicht, wenn er Hunger hat! Wenn Sie heute früh noch sein Zuckermäuschen, das Geschenk seines Lebens, die Mutter seiner Kinder waren, ist es spätestens jetzt vorbei, wo ausgerechnet bei seinem Krokodilsteak die Glut ausgegangen ist – weil Sie selbstverständlich von Feuer und Glut und überhaupt (!) keinen Schimmer haben, keine Ahnung! Und er kommt von der Arbeit, und er hat sich abgerackert für Sie, für die Familie, und nicht mal das kriegen Sie zustande: Eine ordentliche Glut, wenn er endlich nach Hause kommt! Das findet er ganz merkwürdig, und dass die Flasche Wein schon halb leer ist, ist auch ein starkes Stück. Ganz zu schweigen davon, dass sein Sohn von seinem Teller gegessen hat, was bedeutet, dass für ihn nicht gedeckt wurde. So schaut es aus! In dieser Stimmung können Sie nur ruhig und cool bleiben, der arme Schatz hat es auch wirklich schwer mit Ihnen. Wie soll er es – wenn er so einen Riesenkohldampf hat – schätzen, dass Sie schon wieder mal ein Dreigängemenü gekocht, den Tisch wunderschön eingedeckt und einen Kompromiss zwischen Fleisch und Fisch gefunden haben, weil Sie ihn gut kennen und wissen, dass er keine Gräten verträgt und dass er würgt, wenn er eine vermutet? Und gerade als er dran ist, geht die Glut aus? Nein, meine Damen, wir bewahren einen kühlen Kopf, wir schenken ihm unser schönstes Lächeln, wir streicheln sein Haar und küssen ihn sanft auf die Stirn, wie Sie das bei Ihrem Jüngsten machen. Denn nur so können Sie Herrin der Lage werden: erkennen, dass das größte Kind im Haushalt Hunger hat.

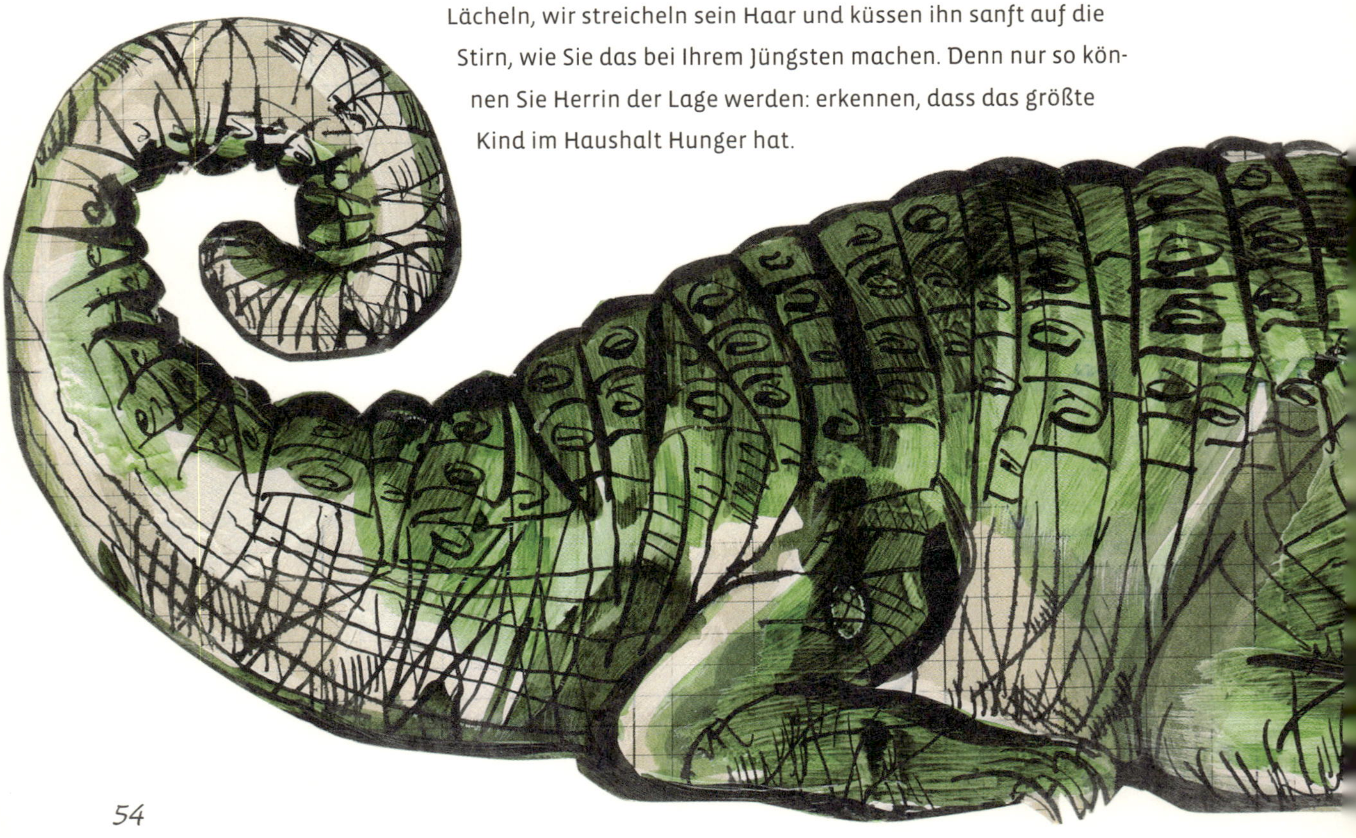

Krokodilsteaks,

asiatisch angemacht!

Das ist kein Scherz! Bei uns in München bekomme ich tatsächlich Krokodilfleisch: Ich gehe kurz nach Hellabrunn in den Tierpark und, wenn kein Wächter da ist, erlege ich eines, oder ich gehe zu einem speziellen Laden und kaufe welches. Wenn es Ihnen nicht zusagt, können Sie stattdessen Truthahn oder Hühnerbrust nehmen, aber – wie langweilig!

2 Karotten, geschält und in Julienne-Streifen geschnitten (die arme Julienne!)
2 dünne Stangen Lauch, auch wieder in Julienne-Streifen (manche sind wirklich gestraft)
1 großes Stück frischer Ingwer, geschält und in dünne Streifen geschnitten (nein, nicht Julienne!)
2 Stangen Zitronengras, die zarten Teile fein gehackt (siehe Glossar)
4 Krokodilsteaks (keine Angst, stammen aus Krokodilfarmen) oder Truthahn oder Huhn
1 unbehandelte Limette, in dünne Scheiben geschnitten
100 ml Austernsauce (siehe Glossar)
1 EL Sesamöl
1 Bund frischer Koriander, fein gehackt
1 EL Minze, ganz fein gehackt
1 EL Sesamsamen

Zunächst den Holzkohlegrill anheizen. Dann vier große Quadrate Alufolie ausschneiden und auf der Arbeitsfläche auslegen. Vorbereitete Karotten, Lauch, Ingwer und Zitronengras in der Mitte der Folienstücke verteilen. Jeweils ein Stück Fleisch darauflegen und eine Limettenscheibe sowie 1 EL Austernsauce und 1/2 TL Sesamöl darüberträufeln.

Die Alufolie ganz fest drum herum schließen. Die Päckchen auf den Rost legen. Nach etwa 8 Minuten ist das Fleisch durch (kurz ein Päckchen aufmachen und überprüfen. Keine Angst, es kann nicht mehr beißen). Mit Koriandergrün, Minze und Sesamsamen bestreuen und servieren.

Mit Bulgur oder Couscous oder schwarzem Reis servieren. Das Fleisch schmeckt wie ein Huhn, das gerne ein bisschen Fisch gegessen hat oder umgekehrt!

crevettes &
écrevisses
Pierrefontaine
Domprel
Pontarlier 35
Les distances données en marge

106 Garnelen und 20 écrevisses

Ich stehe in der Küche und starre fassungslos auf 106 Garnelen. Diese starren nicht zurück, weil nur noch ihre Schwänze vorhanden sind. Nicht nur habe ich das Gefühl, eine Gesamtbevölkerung ausgerottet zu haben, sondern ich habe das Budget vollkommen aus dem Rahmen gesprengt! Mal ganz davon abgesehen, dass ich jeder einzelnen den Darm rausholen und, nach kurzer Garzeit, die Schale abpulen darf. Der Arbeitsaufwand klettert in die Höhe, meine Hände werden tagelang danach riechen, und was habe ich mir bloß dabei gedacht?

Ich präsentiere ganz stolz: »Marinierte Garnelen« und schaue nicht auf das Rezept?

Über 20 Zutaten allein für die Marinade?

Und das für 24 Leute, davon 24 Frauen?

Jung muss man sein – bin ich nicht – dooooof muss Frau sein – ja allerdings – und jetzt? Ran! Der Kleine kommt in die Küche: »Igiiiiiiiiit! Was machst du denn da? Die Armen! Und sie stinken! Und warum sind sie grau?« Der Mittlere kommt in die Küche: »Toll, endlich wieder Garnelen! Haben wir wieder Geld?« (»Nein, mein Schatz, ich habe einen Auftrag, und ich koche für einen Brunch und werde dafür bezahlt!«) Die Große kommt in die Küche: »Oh neee! Ich esse auf keinen Fall welche! Und warum schaust du so mutlos?« So ist die Unterstützung meiner liebenswerten Familie für die arme Mutter, meine Wenigkeit, die jetzt mindestens zwei Stunden brauchen wird, um dem Ganzen Herrin zu werden. Und ich sage mir, dass meine Bemühungen, finanziell wieder unabhängig zu werden, sehr lobenswert sind, der Weg dorthin ist aber übermäßig dornenreich! Und es ist keine ausreichende Rechtfertigung, um 106 Garnelen zu massakrieren! Aber wenigstens sind sie schon tot. Wir haben in meiner Gegend (ich spreche von Frankreich, der Umgebung von Grenoble) ein geniales Rezept, welches mit Flusskrebsen zubereitet wird. Und ich habe das letzte Mal den fatalen Fehler begangen, diese lebend zu besorgen!

Und so stand ich da wie Woody Allen und Diane Keaton in *Manhattan* – nur ohne Ruhm und Kamera – vor 20 Flusskrebsen, die ganz unruhig im Karton mit ihren Scheren fuchtelten. Und da ich es ganz schnell hinter mir haben wollte, habe ich mein Hirn ausgeschaltet – passiert mir öfters – und mindestens sieben Stück ins heiße Wasser gesteckt. Ergebnis? Das Wasser kühlte sofort ab, sie haben versucht, herauszukriechen, und es war ein Fiasko, ich war schweißgebadet, den Tränen nah und musste doch wieder das Hirn einschalten, um den restlichen Krebsen einen schnelleren Tod zu gewähren. Darf ich Ihnen dieses Rezept trotzdem anvertrauen? Kaufen Sie bereits erledigte, es vereinfacht das Ganze ungemein:

Poulet aux écrevisses

Huhn mit Flusskrebsen

Lohnt sich nur für eine Runde ab 6 Personen, da die Sauce recht ergiebig ist. Ich gehe davon aus, dass Sie keinen Bauernhof besitzen und daher das Huhn nicht selber erlegen wollen. Also besorgen Sie bitte:

Ein großes Huhn oder Hühnerteile
(wenn ein ganzes Huhn, dann Innereien, Hals und »minderwertige« Teile zurückbehalten; wenn Teile, dann die Flügel und ein Stück Brust oder Schlegel mit Knochen beiseitestellen)
20 écrevisses oder Flusskrebse roh und tot
3 EL (nach Gefühl) Pflanzenöl
50 g Zwiebeln, gehackt
50 g Schalotten, gehackt
50 g Karotten, in Scheiben geschnitten
1 cl Cognac
1/2 l trockener Weißwein
1 Zweig Estragon
300 g reife Tomaten, enthäutet und in grobe Stücke geschnitten
1 EL Tomatenmark
2 Knoblauchzehen, zerdrückt

Für die Brühe:

50 g Karotten, ganz belassen
1 Stange Lauch
50 g Zwiebeln, ganz belassen
2 Knoblauchzehen
1 Stange Staudensellerie
1 Bouquet garni (Kräuterbündel, siehe Glossar)
1 EL Mehl
50 g Butter

Ganz schön viel, nicht?

Und außerdem:

50 g Butter
50 g Mehl
1 Becher Crème fraîche
Estragon, fein geschnitten
Salz und frisch gemahlener Pfeffer

...mmmmmhh!

Die Flusskrebse haben einen fächerförmigen Schwanz. Die mittlere Flosse rausreißen, um den daranhängenden Darm zu entfernen. Das Öl in einer großen Pfanne erwärmen und die Flusskrebse nach dieser intimen Behandlung rasch in Öl braten. Die Hälfte der Zwiebeln, alle Schalotten und die Karotten dazugeben. Das Ganze mit der Hälfte des Cognacs flambieren. Es muss brennen, sonst ist der Geschmack nicht so intensiv. Die Hälfte des Weißweins angießen, den Zweig Estragon, die Tomaten, das Tomatenmark und die beiden zerdrückten Knoblauchzehen zufügen, salzen und pfeffern.

Alles 6–7 Minuten bei starker Hitze köcheln lassen. Die Flusskrebse rausfischen (die Armen! im Grunde genommen sind die zweimal gefischt worden!) und beiseitestellen. Die Sauce ebenfalls beiseitestellen.

Die »minderwertigen« Hühnerteile für die Brühe mit Wasser bedecken. Die ganzen Karotten, die Lauchstange, die restliche Zwiebel und die Knoblauchzehen, die Selleriestange und das Bouquet garni hinzufügen und das Ganze etwa 45 Minuten kochen lassen. Den Backofen auf 180 °C vorheizen. Die »guten« Hühnerteile (oder das ganze Huhn) leicht mit Mehl bestäuben und in einem ofenfesten Topf in 50 g Butter scharf anbraten. Das Fleisch samt Topf für etwa 20–30 Minuten (je nach Größe) ins Rohr schieben (Ober- und Unterhitze 150 °C).

Wenn das Huhn gar ist, aus dem Ofen nehmen. Den Topfinhalt mit restlichem Cognac und Weißwein ablöschen (falls viel Fett im Topf ist, bitte vorher auswischen). Die Mischung einkochen lassen, die Sauce von den Flusskrebsen hinzufügen sowie die vorbereitete Hühnerbrühe. Aufkochen lassen. 50 g weiche Butter mit 50 g Mehl vermengen (*beurre manié* genannt!) und *peu à peu* in die Sauce mischen, bis sie eine sämige Konsistenz bekommt. Die Crème fraîche zufügen und kochen lassen. Hühnerteile und Flusskrebse kurz in der Sauce erwärmen. Das Fleisch schön anrichten und mit Estragon bestreut servieren.

Dazu weißen Reis und einen eiskalten Weißwein reichen, am besten den gleichen, den Sie für die Sauce verwendet haben. Ich nehme immer Apremont, weil es ein dortiger Wein ist, und er eignet sich ganz besonders – aber wir wollen nicht übertreiben. Ein guter Sauvignon Blanc oder weißer Bourgogne sind genauso gut!

20 écrevisses

10 crevettes

Männer und Riesengarnelen

Ich und Enttäuschungen mit Männern? Wie kommen Sie denn darauf? Nein, keineswegs. Zum einen mag ich keine Verallgemeinerungen, zum anderen: »Männer« und »Enttäuschung« sind ein Widerspruch in sich ...

Mein Gott, was regen Sie sich so auf? Er hat gesagt, er meldet sich und tut es nicht? Ja, und? Schließlich hat er nicht gesagt, wann er sich meldet, oder? Das Jahr ist noch lang, und Sie sind doch nicht aus der Welt! Wissen Sie, wir müssen mehr Toleranz zeigen, mehr Verständnis. Wissen wir immer, wie ihre Jugend verlaufen ist? Vielleicht war die Mutter übergriffig (oder untergriffig. Heutzutage hört man so vieles!). Oder der Vater war nicht vorhanden, und er musste diesen bei den 10 kleineren Geschwistern ersetzen, oder seine Mutter hat ihm nie Nutellabrot gegönnt, oder die erste Freundin, die er mit 8 hatte, hat ihn einfach in die Zunge gebissen, oder er hat damals beim Wetten um »wer pinkelt am weitesten?« am schlechtesten abgeschnitten und hat es immer noch nicht verarbeitet. Sie wissen doch, wie solche Verletzungen Männer prägen können. Es ist auch möglich, dass Sie gar mit so einem Exemplar – ich meine, einem Mann – verheiratet sind. Also, sie sorgen schon ganz gut für uns, wir können uns wirklich nicht beschweren. Und sie teilen unser Bett seit so langer Zeit, so etwas verbindet doch. Und wir genießen schon viele Freiheiten, ich meine, den ganzen Tag sind wir frei. Wir haben die Wahl und können wählen, was wir als Erstes anstellen: bügeln, waschen, putzen, kochen, Kinder hin- und herfahren, einkaufen, seine Papiere ordnen. Ja, okay, manchmal gehen wir mit seiner Kreditkarte einkaufen, und da er nicht unbedingt Verständnis dafür haben wird, dass wir heute unser 31. Paar Schuhe gekauft haben (traumhafte, hohe, um die Knöchel zu bindende Sandaletten), müssen wir ganz diplomatisch vorgehen. Er hat den ganzen Tag hart gearbeitet, auch für uns, unseren Komfort, unser Wohlergehen. Und wollen wir immer alleine im Bett bleiben? Seien wir ganz ehrlich! Also, ob wir verheiratet sind oder nicht, mehrere Männer haben oder nicht, wir werden sie heute verwöhnen, und zwar fangen wir mit dem Gaumen an, das Kitzeln der restlichen Sinne überlasse ich Ihrer Fantasie:

Exotische Riesengarnelen

Rezept für zwei gerechnet, heute kriegen die Kinder Spaghetti mit Ketchup:

4 ungeschälte Riesengarnelen pro Person (die Sandaletten waren teuer!)

60 g Butter

2 Schalotten, in Scheiben geschnitten

1 Tasse Fischfond (siehe Glossar – ich erwarte schon von Ihnen, dass er selbst gemacht ist, aber wenn es nicht anders geht, dann kaufen Sie halt einen!)

1/2 reife Mango

2 EL mildes Currypulver

2 EL Crème double nein, davon werden Sie nicht dick, aber vielleicht er!

1/2 Becher Sahne

2 EL Olivenöl, 2 Knoblauchzehen, zerdrückt

Pfeffer, wenig Salz

Die Schalotten in der Hälfte der Butter dünsten, mit dem Fond aufgießen und die Flüssigkeit auf etwa 2 EL reduzieren lassen.

Die Mischung durch ein feines Sieb in einen kleinen Topf passieren, die Schalotten dabei gut ausdrücken.

Die Mango zusammen mit 1 EL Curry, der Crème double und der Sahne im Mixer pürieren. (Wenn Sie schon so viele Schuhe haben, dann sind Sie auch in der Küche gut ausgerüstet und haben einen Mixer!)

In einer großen Pfanne die restliche Butter mit dem Olivenöl erhitzen und die Knoblauchzehen kurz darin anschwitzen. Die Riesengarnelen dazugeben und mit dem restlichen Currypulver bestreuen. Dieser Prozess ist sehr kurz!

In der Zwischenzeit die Mangomischung zum Fond in den kleinen Topf geben und das Ganze langsam erwärmen.

Sobald die Garnelen rot sind, diese auf eine vorgewärmte Platte stürzen (die Armen! Also lieber legen!) und mit der Mangosauce begießen.

Sofort servieren.

Als Beilage eignet sich Reis, mit ein paar Safranfäden gekocht, sehr gut. Man kann den Reis auch mit Minikürbissen garnieren (diese vorher kurz in Salzwasser blanchieren); sie geben dem Reis einen ganz saftigen Geschmack.

Mit einem trockenen, gut gekühlten Weißwein servieren. (Am besten seine Lieblingssorte, wir wollen auf Nummer sicher gehen). Eine schöne Nacht wünsche ich!

Shit Box und Schweinerei

Was macht man bzw. frau, wenn sie einen Sohn hat, der eine Gruppe gegründet hat, die er »Shit Box« genannt hat, der eine neue Metal-Richtung erfunden hat, die er »Primitive Metal« getauft hat, und eine Mähne trägt, die den Löwen in Hellabrunn vor Neid erblassen lassen würde? Wir freuen uns einfach, dass es so ist, wir sind dankbar für seine Fantasie, auch wenn wir uns manchmal insgeheim ein bisschen mehr Bodenständigkeit wünschen würden, wir bewundern seine Gelassenheit und seine Ruhe im Angesicht jeder Prüfung, die er miserabel ablegt, aber ganz ohne Stress, so, wie wir das nie hinkriegen würden. Vielleicht sollen wir sogar etwas von ihm lernen? Er stottert ein bisschen, aber er springt angeblich dermaßen wild auf der Bühne herum und ohne Schüchternheit, dass einen sein Selbstbewusstsein nur beeindrucken kann!

Und er kann so charmant dreingucken, dass die sehr nette Dame, die ihn bei der Matheprüfung befragt hat, ihm anstatt einer verdienten Sechs eine Vier gegeben hat, damit er ja nicht durchfällt. Was sagt man, frau, dazu? DANKE! Und um unsere Dankbarkeit diesem Sohn gegenüber besonders zum Ausdruck zu bringen, kochen wir ihm sein Lieblingsessen, von ihm »Vietnamesische Schweinerei« benannt.

Hackbällchen in Salatblättern

... Bedenken Sie, dass es wirklich eine »Schweinerei« ist, nicht nur weil es aus Schweinefleisch besteht, sondern hauptsächlich, weil es mit der Hand gegessen wird! Daher Riesenservietten parat stellen – ich nehme für diesen Zweck immer die riesengroßen meiner Mutter, in Tischtuchgröße ...

1 Pfund mageres, durchgedrehtes (wie das klingt!) Schweinefleisch
(am besten ausgelöstes Kotelettfleisch oder Schmetterlingsteaks am Stück!)
3 Frühlingszwiebeln, fein geschnitten
1 TL Knoblauch, gepresst
1 TL Ingwer, fein geschnitten
2 kleine Eiweiß, kurz durchgeschlagen
125 ml Eiswasser (muss wirklich eiskalt sein,
um das gewünschte Ergebnis zu erzielen)
1/2 TL weißer Pfeffer
1 TL Salz
1 EL Pflanzenöl

Schweinehack, Frühlingszwiebeln, Knoblauch und Ingwer mit der Hand gut mischen. Eiweiß dazugeben, dann langsam das Eiswasser, Pfeffer und Salz untermengen und kneten, bis die Mischung glatt ist (und da hätten wir die Sinnlichkeit wieder. Denn Sie werden sehen, es fühlt sich wirklich gut an!). Dann als Letztes das Pflanzenöl einarbeiten. Mit den nassen Händen (wird immer besser, oder? Klingt ein bisschen wie das Buch: »Die perfekte Liebhaberin«. Schon gelesen? Sollten Sie, Sie werden eine Menge lernen!) Aber zurück zum Essen: kleine Bällchen formen (mundgerecht!). Wasser leicht kochen lassen, salzen und die Bällchen garen, bis sie auf der Oberfläche schwimmen. Rausholen und entweder von jedem Gast auf dem Tischgrill braten lassen oder im Voraus in einer großen Pfanne knusprig braten und dann warm stellen.

Gemüse und Salat:

2 Eisbergsalate, Blätter ganz gelassen und gewaschen
15–20 Reispapierblätter (siehe Glossar, kurz vor dem Essen jedes Blatt zwischen zwei feuchte Papiertücher legen, damit sie weich werden!)
150 g Reis-Vermicelli (siehe Glossar), gekocht und gut abgetropft
jeweils 1 1/2 Bund asiatische frische Kräuter: scharfes Basilikum, Koriander, Minze usw.
150 g frische Bohnensprossen, kurz in heißem Wasser al dente gekocht
1 Gurke, in dünne Stifte geschnitten
dito für 2 mittelgroße Karotten
dito für 1 hiesigen Rettich (oder dortigen Rettich – eigentlich japanisch und Daikon genannt, siehe Glossar)

Dieses ganze Gemüse auf einer Riesenplatte hübsch und farbenprächtig anrichten!

Sauce:

60 g geröstete Erdnüsse
2 frische rote Chilis, entkernt und grob gehackt (nicht vergessen: lesen Sie bitte die kleine Anmerkung über Chilis im Kapitel »Schuldig und Kürbis«! Will für nix die Verantwortung übernehmen!)
1 TL zerdrückter Knoblauch
1 EL frische Minze oder Koriander
2 EL Limonensaft
60 ml Fischsauce (siehe Glossar)

250 ml dünne Kokosmilch (ich nehme ca. 100 g Kokosflocken, die ich mit Milch übergieße und langsam erwärme. Dann das Ganze durch ein dünnes Sieb gießen und die Flocken schön auspressen. Sehr intensiver Kokosgeschmack!)

Erdnüsse und Chilis im Mörser oder in der Küchenmaschine zu einer glatten Paste vermengen. Knoblauch, Minze oder Koriander, Limonensaft und Fischsauce dazugeben und vermischen, bis es eine glatte Masse ist. Kokosmilch einfließen lassen und auf den Tisch stellen. Jeder Gast soll eine kleine Schale für diese Sauce neben seinem Teller haben.

Und jetzt beginnt »das große Fressen«: Jeder Gast nimmt ein Salatblatt, dann ein Reisblatt oder ein Stück davon – je nach Größe – Gemüse und Kräuter, ein Bällchen, packt alles ins Blatt ein, tunkt es in die Erdnuss-Kokos-Sauce, verliert da schon die Hälfte und bis das Ganze den Mund erreicht hat, liegt mehr im Teller und um den Teller herum als in der Hand. Aber nach ein paar Mal gelingt es immer besser, es schmeckt köstlich und eignet sich sowohl für langweilige als auch für lebendige Abende: Wenn langweilig, ist man zumindest beschäftigt! Und wenn lebendig, dann hat man umso mehr Spaß durch die Ungeschicklichkeiten jeder einzelnen Person!

Schwimmbad und Couscous

Ich bin nicht eingebildet, nein, ich behaupte nicht, ich sei besonders schön oder besonders intelligent oder besonders witzig, ganz bestimmt nicht. Aber ich bin eine sehr gute Mutter, und gestern – nach einem heftigen Streit mit unserem Jüngsten – habe ich mich erbarmt und bin mit ihm ins Westbad gegangen ... und da habe ich gemerkt, was für eine gute Mutter ich bin! Denn um das, was dort abgeht, zu verkraften, musste ich:

1. irre geduldig
2. überlebensfähig
3. betucht
4. unempfindlich
5. blind
sein!

Zum Punkt Nummer 1: Ich dachte nicht, dass pubertäre Jungs noch Lust hätten, eine alte Schachtel wie mich voll mit Wasser zu bespritzen! Aber doch, hatten sie! Und meine Lust auszurasten wurde nur dadurch gedämpft, dass ich ihnen den Gefallen nicht tun wollte!

Zum Punkt Nummer 2: Unter 27 °C Wassertemperatur friere ich erbärmlich. Ich kann mir denken, dass die dortige Wassertemperatur maximal 22 °C betrug, was mitten im Sommer eine Zumutung ist, und noch dazu ist der Boden mit Metallplatten belegt, und ich kriegte sogar kalte Füße.

Zum Punkt Nummer 3: Ich hätte das Innenschwimmbad auswählen können (nein, beides ist nicht erlaubt – entweder draußen oder drinnen! Haben Sie jemals so etwas gehört?). Ja, in München sind die halt anders! Die Leut! Drinnen ist es ruhiger, dafür unerschwinglich!

Zum Punkt Nummer 4: Diese Frau steht mit den Füßen in dem Schwimmbecken, zu welchem der Kleine mich gerade zerren will, und sie bohrt sich genüsslich in der Nase. Das Ergebnis Ihrer Nasenforschung landet im Wasser! Mir ist zum Kotzen zumute!

Zum Punkt Nummer 5: neulich habe ich gelesen, unsere Jugend sei übergewichtig! Es war untertrieben! Jungs zwischen 12 und 16, die wie Walrosse aussehen, teilweise einen BH vertragen könnten und deren Fleisch wie Wackelpudding bebt – bei jedem Schritt. Die sind doch nicht in diesem Zustand aufgewacht! Sind die Eltern blind? Ich wollte es an diesem Tag sein. Doch 2 Lichtpunkte: Eine Frau ist vertieft in Paulo Coelho »Der Alchemist«.Eine schöne, ältere, rennt lachend hinter ihrem an Down-Syndrom leidenden Sohn her – beide strahlen.

... sonst war es zum Abhauen! Als Reaktion darauf habe ich mir folgende Beilage zu der Fisch-Tajine (S. 17) einfallen lassen:

Couscous mit Rosinen und Gemüse

250 g feines Couscous (siehe Glossar)
eine Handvoll (solange Sie nicht Pranken haben) Rosinen
1 TL Kreuzkümmel
1 Nelke
1 1/2 TL Salz
Olivenöl
1 Bund Frühlingszwiebeln
1 Paprikaschote – Farbe beliebig– entkernt, Innenrippen entfernt, in kleine Rechtecke geschnitten
3 reife Tomaten, enthäutet und in Viertel geschnitten
1 halbe Aubergine, in dünne Scheiben geschnitten
1 TL Raz-el-hanout (siehe Glossar)
1 Prise Pil-pil (siehe Glossar, alternativ: Chilipulver)
2 kleine Zucchini
2 EL Butter
Salz und frisch gemahlener Pfeffer

Das Couscous in einer flachen Schale ausbreiten. Rosinen auf das Couscous legen. 1 1/2 Gläser Wasser zum Kochen bringen, in einer separaten Schüssel mit Salz, Kreuzkümmel und Nelke vermischen. Auf das Couscous gießen, dieses kurz mit zwei Gabeln vermischen und mit einem sauberen Tuch abgedeckt etwa 1/2 Stunde ruhen lassen.

In der Zwischenzeit Olivenöl auf mittlere Temperatur erwärmen und die Frühlingszwiebeln anschwitzen lassen, dann die Paprikawürfel hinzufügen. Kurz anbraten lassen (etwa 5 Minuten). Dann die Tomatenviertel und die Auberginenscheiben in die Pfanne geben. Alles umrühren und mit den Gewürzen mischen. Auf kleine Flamme stellen.

Einen mittelgroßen Topf halb mit Wasser füllen, zum Kochen bringen und ein großes Sieb darüberhängen. Das Couscous in das Sieb schütten und abdecken. Darauf achten, dass das Wasser nicht überkocht, sondern nur gemütlich vor sich hin brodelt. Ab und zu den Couscous mit zwei Gabeln bearbeiten, um eventuelle Klumpen auseinander zu bringen. Nun die Zucchinischeiben in die Pfanne zum restlichen Gemüse tun und alles miteinander mischen. In einem beschichteten Topf etwa 2 EL Butter schmelzen lassen, das Couscous darin wälzen, die Nelke – falls Sie diese noch finden – entfernen, sonst Warnung aussprechen! Und wenn das Couscous von Butter überzogen ist, in eine vorgewärmte Schüssel schütten und mit dem Gemüse garnieren. Genial! Wirklich! Passt auch zu verschiedenen Grillgerichten – sowohl mit Fleisch als auch mit Fisch. Kann für einen Vegetarier auch so genießbar sein, sogar für einen Veganer!

D 53
MORIERES 4

Wahre Liebe und Oliven

Ab welchem Alter fängt die Erinnerung an? Ich bin mir nicht sicher. Ich bilde mir aber ein, dass ich vom zarten Alter von 3 Jahren ein paar Fetzen behalten habe, sei es aus Erzählungen oder wirklichen Eindrücken und Prägungen. Einige davon stammen von der glücklichen Zeit, als unsere Mini-Familie in Südfrankreich in der Nähe von Avignon lebte. Ich weiß nur noch wenig, erinnere mich aber sehr gut an die Nachbarn. Sie waren mir sehr wichtig und haben damals schon meinen geschmacklichen Sinn gekitzelt. Überzeugte Kommunisten, sie lebten nach ihrer Ideologie und waren sehr großzügig; sie liebten auf Anhieb dieses zutrauliche Mädchen, welches immer zu ihnen kam. Ich stieg die steile Treppe zu ihrer sehr einfachen Wohnung hoch und setzte mich zu ihnen an den Tisch. Gillette, eine sehr schöne Frau mit einer Riesenmähne blonder Locken, hantierte am Herd und kochte wunderbare Speisen für die Liebe ihres Lebens, Jeannot, einen witzigen und genusssüchtigen Mann, rund 30 cm kleiner als seine Frau, der es in allen Zügen genoss, von dieser großen, schlanken Frau verwöhnt zu werden.

Traurigerweise muss gesagt werden, dass sie ihn zu Tode verwöhnt hat, die fantastischen Saucen, der Wein und das Motto »null Sport« haben sein Blut verdickt, seine Arterien blockiert und ihn ins Grab getragen. Aber sie liebten sich, wie man sich selten liebt, ganzheitlich, irrsinnig, auf allen Gebieten, in alle Ewigkeit. Sie verwöhnte ihn am Herd mit Lammschulter auf Kartoffelbett, Auberginengratins voller Kräuter und Olivenöl, Kaninchen mit selbst eingelegten Oliven, selbst gefangenen Schnecken in einer Obszönität an Butter und Kräutern; er verwöhnte sie im Bett; er war ihr Liebhaber, er brachte ihr alles bei, so sagte sie mir das, als ich sie besuchte, er war erfinderisch und leidenschaftlich, immer darauf bedacht, dass sie dabei glücklich wurde. Klar erzählte sie mir das nicht, als ich drei Jahre alt war, aber etwas später, sobald ich im Alter war zu verstehen, was zwischen Mann und Frau stattfinden kann (oder sollte?). Sie liebte Tiere und pflegte sie auf sehr sonderbare Art und Weise. Und eben als ich drei Jahre alt war, passierte es: Eine Taube blieb an einem Stacheldraht hängen und verletzte sich am Hals. Gillette nahm sie auf und versuchte sie zu füttern. Ich saß wie gebannt auf dem Bett und schaute still zu. Das Korn schoss vom Schnabel direkt wieder in Gillettes Schoß. Kurz entschlossen gab sie mir den kranken Vogel, holte Faden und Nadel und mit einer unglaublichen Ruhe nähte sie diese schlimme Halswunde. Die Taube blieb still, fraß kurz danach ihre Körnchen und blieb ewig bei ihr. Ich kriegte den Mund nicht mehr zu.

Hier ist ein von ihr überliefertes Rezept für selbst eingelegte Oliven! Woher Sie die Oliven bekommen sollen? Fahren Sie einfach in die Provence oder Toskana oder nach Griechenland und stellen Sie sich nicht so an. Ich habe dieses Rezept ausprobiert, muss aber zugeben, dass Gillette mir die Oliven besorgte:

10 kg frische Oliven
1 kg feines Salz
Pfeffer, frisch gemahlen
Sonnenblumenöl
ZEIT

Olives à la Jeannot

In große Flaschen oder Gefäße mit etwa einem Liter Fassungsvermögen (die größte Schwierigkeit ist es, diese Gefäße zu finden oder zu besorgen!) die Oliven einfüllen und mit 1 EL Salz vermengen. Die Oliven nicht bis zum Rand einfüllen, damit man regelmäßig, das heißt JEDEN TAG das Gefäß schütteln kann, damit das Salz um alle Oliven kreist! Erst mal eine Woche lang täglich schütteln. Dann nur noch zweimal die Woche die Prozedur wiederholen. Die Oliven verlieren immer noch Wasser. Nach etwa sechs Wochen probieren Sie eine. Wenn sie noch bitter sind (die Oliven!), dann weitere zwei Wochen warten. Dann die Oliven in reichlich frischem kaltem Wasser spülen. Mit einem sauberen Tuch abtrocknen, zurück in die ausgespülten Gefäße geben und mit frisch gemahlenem Pfeffer und wenig Öl vermengen (Olivenöl gibt angeblich den Oliven einen merkwürdigen Beigeschmack. Komisch, oder?). Die Oliven schmecken sehr gut und die Warterei lohnt sich!

Alte Müllmänner und Kälber

Ich mache den Kofferraum auf und fange mit dem Abladen an. Es hat 29 °C, jetzt schon, wir haben kaum 11.00 Uhr. Mühsam quäle ich mich und verfluche die Arbeitsamkeit meines Mannes, deren Ergebnisse ich jetzt entsorge. Der Mann kommt zu mir rüber wie jedes Mal, wenn ich da bin. Ich strahle ihn an wie jedes Mal, er hilft mir ja immer, ist immer freundlich, hat mir sogar eines Tages einen Korb geschenkt, weil eine gute Frau einen guten Korb braucht. Aber heute ist etwas anders. Unser Gespräch:

Er: Du immer schöne Frau!
Ich: *(sprachlos)* ???
Er: Du immer schönen Körper, immer lustig und immer arbeitsam.
Ich: *(immer noch sprachlos – lade weiter meine Tüten ab, schwitze aber jetzt sehr unnatürlich!)*
Er: Du sehr gute Frau, und ich will dich jetzt küssen!
Ich: Wie geht es Ihren Kindern und Ihrer Frau?
(Er hat mich aber schon in die Arme genommen, und ich weiß nicht, wie ich aus dieser Situation elegant, ohne verletzend zu sein, rauskomme.)
Ich: Danke, nein, ich will keinen Kuss, aber erzählen Sie mir, wie alt sind eigentlich Ihre Kinder?

Er lässt mich los, ich bin in der Entsorgungsstelle, wo das Münchnerische Volk seinen Müll ablädt. So etwas hatte ich heute bestimmt nicht erwartet. Ich beschließe, es als Kompliment aufzufassen, die Eroberung eines 63-Jährigen ! Zu Hause brodelt schon meine ...

Blanquette de veau

Geschmorte Kalbsschulter

(nicht mit Kalbsfrikassee verwechseln!)

Mindestens drei Wochen lang die Umgebung Münchens vermeiden, um sich den Anblick der sanften Kälber, die sich liebevoll an den Flanken ihrer Mütter die Nase reiben, nicht einzuprägen.

Dann Folgendes besorgen:

700 g Kalbsschulter
1 Bund Suppengrün
1 Zwiebel, gespickt mit Nelken
1 große Karotte
2 TL grobes Meersalz
1 Lorbeerblatt
8 Pfefferkörner, schwarz
1 EL Olivenöl
60 g Butter
300 g frische Champignons, geputzt, in dünne Scheiben geschnitten
1 Schuss Weißwein
2 EL Mehl
1 Eigelb
Salz, Pfeffer

Das Fleisch mit kaltem Wasser bedecken und aufkochen, dabei die Brühe abschäumen. Hitze reduzieren und das Gemüse (außer Champignons) und alle Gewürze hinzufügen. Das Ganze mindestens 1 1/2 Stunden sanft köcheln lassen.

In der Zwischenzeit 1 EL Butter und 1 EL Olivenöl in einer großen Pfanne erwärmen und die Pilze darin braten. Salzen, pfeffern und einen Schluck Weißwein trinken – vorausgesetzt es ist nicht 9.00 Uhr morgens! – und, falls für gut befunden, entweder weitertrinken oder nicht, aber auf jeden Fall einen kräftigen Schuss Wein zu den dampfenden Pilzen geben.

Das Fleisch rausholen aus der Brühe und in größere Stücke schneiden. Ein großes Stück Butter in einem mittelgroßen Topf schmelzen lassen, 2 EL Mehl daraufschütten und mit einem Holzlöffel verrühren, bis die Butter das ganze Mehl absorbiert hat.

Dann *peu à peu* die Fleischbrühe (die Sie hoffentlich nicht weggekippt haben!) zu der Mischung hinzufügen, bis Sie eine sämige Konsistenz erzielt haben. Sauce vom Feuer wegziehen und leicht abkühlen lassen.

Das Eigelb mit einem Löffel Brühe mischen und zu der Sauce fügen. Die Fleischstücke sowie die Pilze in die Sauce legen und miteinander kurz erwärmen. Abschmecken. Mit weißem Reis servieren. Sehr delikat, sehr französisch (nicht, weil es delikat ist, sondern einfach so).

30 Jahre
und Fondue

Eigentlich hatte ich ihn nur gebeten, einige arbeitsbezogene Entscheidungen zu treffen. So ging er in den Keller und wühlte herum, stundenlang! Somit war auch das Größte meiner Kinder beschäftigt, und ich konnte endlich meinen PC anmachen und gewisse Arbeiten durchführen. Aber dann kam er hoch mit seinem Fundus! Nichts Arbeitsbezogenes! Nein! Vergangenheitsbezogenes! Ausschließlich! Darunter mir unbekannte Negative unserer großen Kindern, als sie noch klein waren: Sophie mit ungefähr 4 Jahren mit einem Traumkleid von Oilily – damals verdiente ich noch Geld und konnte mir erlauben zu spinnen – pink mit wilden Blumen, ein Gedicht von Farben und Fröhlichkeit und Kindlichkeit. Sebastien mit knapp 2 Jahren in einem Anzug von Si Tu Veux de Moi – auch eine französische, kostbare Spinnerei von mir – mit verrückten Designs: in dem Fall ein Drache. Ich finde mich zurückkatapultiert! Ich sitze am PC mit einer Brille an der Spitze meiner großen Nase (die hat sich leider über die Jahre auch nicht geändert) und schaue 16 Jahre zurück. Totale Ehekrise, ein anderer Mann in meinem Leben und ich weiß nicht was alles noch. Und dann bringt er noch etwas: Die Bilder meines 30. Geburtstages! Der Schock sitzt tief! Ich, eine Mähne von lockigen roten Haaren, die mich vermuten lassen, dass ich im vorherigen Leben ein Löwe war – was auch nicht stimmen kann, weil wir uns nur als Menschen reinkarnieren und ich sowieso fast immer Frau war – so wurde es mir gesagt –, eine Menge Bewunderer um mich herum – alle um die 20 Jahre alt! Und ich kam mir so alt vor! Und jetzt, wenn ich einem Mann mal gefalle, ist er beinahe in Rente! Das kann doch nicht sein, oder? Weg mit diesen Bildern, nur die Gegenwart zählt – so heißt es doch, nicht wahr? Und ran an den Kühlschrank, um die Saucen für das Fleischfondue vorzubereiten:

Verschiedene Saucen

Grundmischung:

1/3 Crème fraîche
1/3 Naturjoghurt – bitte mit Fett und nicht entrahmt oder so was
1/3 Sahne und schon stimmt die Rechnung nicht, weil ein Drittel Sahne das Ganze etwas zu flüssig macht. Es erklärt, weshalb ich als Schülerin lebenslang eine Sechs in Mathe hatte. Also bitte: weniger Sahne.

Diese 3 Elemente gründlich miteinander vermischen und Ihrer Fantasie freien Lauf lassen. Im Allgemeinen ist es ratsam, eine süße, eine scharfe und eine exotische Sauce vorzubereiten:

Für die Süße
mischen Sie einen großen Schuss Ketchup, mildes Paprikapulver, ein bisschen Tomatenmark und ein bisschen Zucker.

Für die Scharfe
zum Beispiel 2 TL Sambal oelek (siehe Glossar), gemahlene Chili, einen Schuss flüssigen Honig und einen Hauch Salz vermischen. Sehr lecker.

Für die Exotische
pürieren Sie eine Banane, würzen mit Curry, Kreuzkümmel (siehe Glossar) und Salz, geben ein paar Kokosflocken dazu, und schon ist sie fertig.

Alles nach Ihrem Geschmack und dem Ihrer Kinder und so weiter vermengen. Schmeckt lecker und lenkt ungemein ab von blöden Bildern von vor fast 20 Jahren, von verlorenen Lieben und Freunden und Illusionen!

Seins und meins und Piece of cake

Wo ist der Unterschied zwischen seiner Midlife-Krise und meiner? Überall! Meine ist VERSTÄNDLICHER, subtiler, feiner, sensibler, differenzierter, bewusster, komischer, intelligenter, nachvollziehbarer, beeindruckender, schmerzhafter, raffinierter als seine! Warum? Erstens, weil meine mich mehr interessiert – im Augenblick zumindest! – als seine. Zweitens, weil wir Frauen uns sehr früh daran gewöhnen müssen, dass unser Körper sich verändert! Kaum haben wir ein Kind geboren, verlieren wir unsere Taille. Wir müssen enorme Anpassungsfähigkeiten entwickeln, da die Männerwelt von uns alles erwartet: Die Kinder gebären, für die Familie sorgen, den Beruf fallen lassen, um sich um die Kinder zu kümmern, den Beruf wieder aufnehmen, um den Finanzen einen benötigten Schwung nach oben zu geben, wieder schwanger werden, und und und … Gott sei Dank haben wir Humor, oder? Als Kind träumte ich davon, eine Barbie-Puppe zu bekommen, was meine Mutter mir nie gegönnt hat – das werfe ich ihr immer noch vor –, dafür hat meine Tochter ungefähr acht gekriegt! Damit ich Ruhe gebe, schenkte mir meine Mutter eine große blonde Puppe mit langen Haaren, mit einem sehr weiblichen Blick und Körper – nicht die typische Kinderpuppe – und ich habe den Unterschied zwischen diesem Riesenweib und Barbie nie begriffen. Beide hatten Brüste und schmale Taille, die eine war nur gigantisch, die andere klein! Wie dem auch sei, waren es damals die Sechzigerjahre, und Cardin sowie Courrèges machten Furore mit Plastik-Miniröcken und Plastikmänteln in grellen Farben! Ganz toll. (Die) Brigitte Bardot trug diese Mode in ihren Filmen, und meine Puppe bekam ein ganz tolles Ensemble mit Silberfarbe, bestehend aus Minirock, Mantel und Kappe. Besitze ich noch! Und was habe ich mir letzte Woche gekauft für 20 Euro? Genau den Plastik-Minirock in Schwarz mit Reißverschluss vorne!

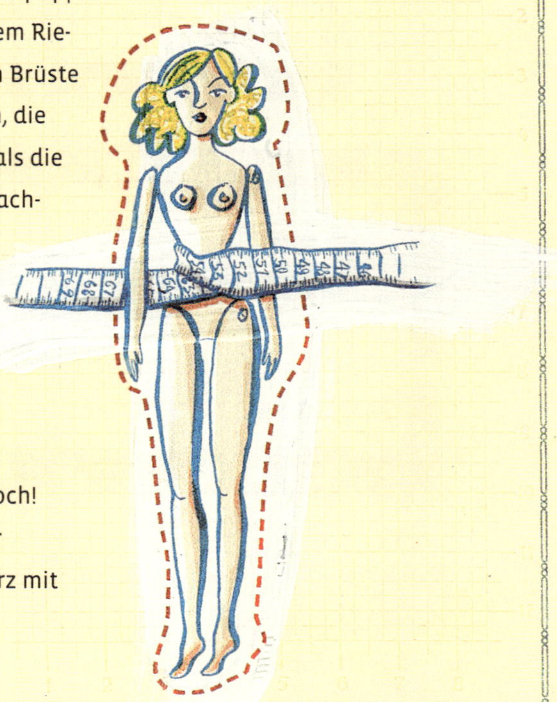

„KA-BE"

Und ist es ein Beweis, dass ich in der Midlife-Krise stecke? Ja! Und? Da hat mein größerer Sohn gesagt: »Also dieses Mal übertreibst du es richtig.«
Ich finde ihn megatoll, meinen Rock meine ich, und es ist auch eine Art, die Vergangenheit zu bewältigen, oder? Finde ich schon. Und wenn ich schon dabei bin, dann mache ich gleich den Kuchen, den meine Mutter früher sehr oft gebacken hat und der klasse schmeckt.

Ungarischer Kuchen

Nur der Name ist ungarisch, ich weiß nicht, woher er stammt, er schmeckt köstlich und ist schnell zubereitet:

100 g Butter, auf Zimmertemperatur erwärmt
3 Eigelb
100 g Zucker
200 g Mehl
4 Eiweiß
100 g Kokosraspel
eine beliebige Konfitüre:
Ich empfehle Erdbeere oder Aprikose oder Pflaume.

Butter mit Eigelb und 50 g Zucker vermengen, bis die Mischung weißlich wird. Das Mehl hinzufügen und das Ganze zu einem weichen, geschmeidigen Teig verarbeiten. Ein Backblech mit Backpapier auslegen, den Teig mithilfe einer leeren, bemehlten Bierflasche auf dem Blech verteilen! Warum eine Bierflasche? Sie können es mit der Teigrolle gerne versuchen, wir sprechen uns noch! In der Zwischenzeit Backofen auf 160 °C (Umluft) vorheizen oder auf die Temperatur und Backart, die Sie am liebsten benutzen.

Das Eiweiß steif schlagen, restlichen Zucker und Kokosraspel hinzufügen, nur langsam rühren, wenn Sie nicht die Kokosflocken in der ganzen Küche verteilt haben möchten. Die Konfitüre auf dem Teig verteilen, mit der Eiweißmischung bestreichen und in den Ofen schieben. Nach etwa 20 Minuten ist es so weit: Den Kuchen herausnehmen, abkühlen lassen und mit dem Pizzaschneider in kleine Quadrate schneiden. Durch seine Einfachheit und Originalität sehr beeindruckend! Genauso wie wir!

„KA-BE“

Eros und die Roulade

Meine hübsche Freundin hat mir vor Kurzem eröffnet, sie hätte eine Affäre mit einem verheirateten Mann. Er verliebte sich augenblicklich in ihre Zartheit, ihre makellose Haut, ihre langen Hände, ihre grazile Art, sich zu bewegen. Ich kann mich nur freuen, dass er auf Granit beißen wird, denn es gibt nichts Fataleres, als sich in einen unfreien Mann zu verlieben.

Diese Gattung beherrscht die Kunst, des »Krümelverteilens«, und die Geliebte sollte rasch lernen, diese Krümel als wertvoll zu schätzen. Wird sie – Gott sei Dank – nicht tun. Was würde sie sonst erwarten? Er hat alles unter Kontrolle und diktiert den Rhythmus des Simsens, Mailens, Telefonierens, Treffens – wo, wann, wie? – das entscheidet er und nicht sie. Denn er hat eine Frau, eine Familie. Zumindest in diesem Fall liefert er ihr nicht den üblichen Mist: »Zwischen meiner Frau und mir läuft seit Langem nichts mehr« (er hat sie erst letzte Nacht beglückt!), »sie versteht mich nicht« (letzte Woche waren sie in einem hübschen Restaurant und haben sich darüber gefreut, dass sie nach 30 Jahren immer noch so viel Freude aneinander haben), und desgleichen mehr .... Nein, er sagt ihr, er liebe seine Frau, sie hätten eine harmonische Beziehung, aber es hat ihn erwischt.

Ist in Ordnung, kann ja passieren. Aber wie gesagt, er kann heute nur zwischen 17.00 und 19.00 Uhr, dann muss er nach Hause, weil sie ihm ausgerechnet heute seine Lieblingsspeise vorbereitet hat, nämlich Rouladen. Wir hassen Rouladen, wir mögen nur die französische Variante mit Kalb und Oliven und frischen Pilzen, aber wir schweigen, wir sind zurückhaltend und lächeln und nicken zustimmend! Und nächste Woche kann er gar nicht, denn seine Tochter schreibt gerade Abi, und er ist da für seine Tochter. Sie – meine Freundin – habe bestimmt Verständnis, und bei dieser Aussage streckt er seinen Rücken, seine Brust wölbt sich gleich unter dem glatt gebügelten Hemd (von wem gebügelt?), Verständnis für sein Vatersein, sein Verantwortungsgefühl, seine Korrektheit ... müdes Lächeln unsererseits. Aber übernächste Woche könnte er sogar eine ganze Nacht freinehmen, denn seine Frau ist auf einer Fahrt mit dem Chor, wo sie Sopran singt .... Eigentlich müsste er mit zu dem Konzert, irgendwo nach Niederbayern – er unterstützt sie ja in ihrer künstlerischen Entwicklung! (siehe Loriot beim Jodelkurs!) – aber dieses Stück von Händel hat er schon so oft gehört, dass er problemlos hierbleiben kann. Ja, die Nächte zusammen mit meiner Freundin sind sehr schön, er macht Sachen, die er nicht mehr kannte (ich gehe jetzt nicht ins Detail!), er trinkt *Champagne* um 2.00 Uhr morgens, den Rest des Glases lässt er über den Bauch der Geliebten träufeln: Schließlich hat der Mann Bildung und schaut fern!

Und es hat auch Charme, dass er eine schnelle Nummer in der Küche schieben will. Seit berühmten Filmen ist dieses hektische, animalische Treiben mitten in Küchenutensilien salonfähig geworden! Siehe: *Eine verhängnisvolle Affäre* (oder hingen sie da im Spülbecken?) oder *Ein unmoralisches Angebot*.

Ich warte nur noch ab, dass er den Besuch der Schwiegereltern aus dem ehemaligen Osten erwartet und dadurch keine Zeit hat oder dass sein Chef einen Leistenbruch – ganz nah an den Hoden, sehr schmerzhaft – erleidet und er muss ihn vertreten (dann wieder aufblasen der Brustmuskulatur unter dem Hemd!).

Meine Freundin ist frei, vogelfrei und deshalb verdient sie etwas Besseres, einen Mann, der offen ist und sich für sie Zeit nimmt. Und Sie, meine Damen, falls Sie auf der Suche sind, bitte glauben Sie mir! Es hat ganz bestimmt mit der üblichen Moral nichts zu tun, sondern ausschließlich mit Ihrem Wohlbefinden! Und die Rouladen, die machen wir uns selber, so wie sie richtig sind:

Kalbsrouladen in Weißwein

Butter und Pflanzenöl zum Anbraten
2 Schalotten, fein gehackt
4 Knoblauchzehen, fein gehackt
250 g Champignons, in dünne Scheiben geschnitten
4 Kalbsschnitzel
2 Scheiben gekochter Schinken, beste Qualität
4 Blätter Salbei
8 grüne entsteinte Oliven
4 Scheiben Speck – je nach Geschmack herkömmlicher oder Bauchspeck
Salz, frisch gemahlener Pfeffer
1 Glas Weißwein am besten die gleiche Sorte, die am Tisch serviert wird
Salz, Pfeffer
Küchengarn

In einer großen Pfanne 1 EL Butter und 1 EL Pflanzenöl warm werden lassen. Schalotten und Knoblauch anbraten und die geschnittenen Champignons hinzufügen. Schmoren lassen, bis die Champignons ihren Saft abgegeben haben. Salzen und pfeffern. Die Pilze herausnehmen, abtropfen lassen und beiseitestellen. Jeweils ein Schnitzel auf einer Marmorplatte oder Ihrer üblichen Arbeitsfläche ausbreiten und mit dem Fleischklopfer flach klopfen. Salzen, pfeffern und eine halbe Scheibe Schinken auf das Fleisch legen, 1 Blatt Salbei, 1 EL Champignons, 2 Oliven hinzufügen. Das Fleisch wie ein Päckchen falten, das heißt, wenn möglich die Ränder über die Füllung klappen und das Fleisch einrollen. Wenn es nicht möglich ist, dann lediglich das Fleisch einrollen. Mit der Speckscheibe umwickeln und mit Küchengarn festzurren. Wenn alle Schnitzel gewickelt sind, dann einen großen Bräter oder eine große Pfanne mit Deckel nehmen: 2 EL Butter und 2 EL Pflanzenöl heiß werden lassen und das Fleisch rasch auf allen Seiten anbraten. Die Hitze reduzieren und den Wein hinzufügen. Das Fleisch zugedeckt und bei niedriger Hitze etwa 25 Minuten schmoren lassen. Bei Bedarf etwas Wasser nachgießen. Gegen Ende der Garzeit die restlichen Champignons der Sauce hinzufügen, abschmecken. Und es ist kein Chauvinismus zu behaupten, dass unsere Rouladen besser sind als die, die er serviert bekommt! Und sie tragen diesen lustigen Namen: *paupiettes!*

Ideale Beilage: Kartoffelbrei oder geschmorte Karotten und Baguette.

Lamm auf Türkisch

Ich war etwas nervös, als ich hineinging, mein großes Auto musste ich in der zweiten Reihe dieser engen Straße abstellen und ich befürchtete Unangenehmes. Wir waren die Einzigen in dem Laden und gingen direkt zu ihm. Er saß mit übereinandergeschlagenen Beinen auf einem Stuhl und las eine Zeitung. Er hob nicht den Kopf, als wir uns näherten. Sein glänzendes, schwarzes Haar war nach hinten gekämmt, sein Bart kurz geschnitten und – so schien es mir – minutiös gepflegt: Kein Härchen stand aufrecht, alles makellos und glatt. Meine Begleitung sprach ihn an; langsam faltete er die Zeitung, die er dann sorgfältig auf einen kleinen Tisch legte. Ich hatte das Gefühl, dass die Sekunden zu Minuten wurden, jede Bewegung rund und geschmeidig, aber in Zeitlupe. Immer noch ohne Kommentar holte er einen frisch gewaschenen und gebügelten, schneeweißen Kittel aus einem Schrank. Ich starrte ihn nur an, ich konnte nicht glauben, was sich vor mir abspielte. Er zog den Kittel an und mit einer unglaublichen Ruhe krempelte er einen Ärmel nach dem anderen hoch; nicht schlampig, nein, sondern beide Ärmel auf die gleiche Länge gekürzt und mit der gleichen Anzahl von »Aufkrempelungen«! Dann ging er zum Waschbecken und wusch ausgiebig und lange seine perfekt manikürten Hände. Dann erst schaute er uns an und fragte uns auf Türkisch, was wir wünschen. Meine Bekannte zeigte mit dem Finger auf ein Stück Fleisch, und während er das Fett mit präzisen Gesten entfernte, schaute ich auf das Sortiment hinter der Glastheke. Auf einem Schild stand: »Lamm: Eier/Nieren«. Entsetzt sah ich eine ganze Reihe von Lammhoden, glatt und blass und hübsch nebeneinander aufgereiht. Ich fragte meine Bekannte, ob ich alles richtig sehe! Siehe da, ja! Ein türkischer Leckerbissen. Nun war ich an der Reihe, bedient zu werden, und von da an war klar, dass ich immer wieder hierherkommen würde. Noch nie war ich bei so einem Metzger, noch nie hat man(n) mir die Lammkoteletts auf das Papier drapiert, als handle es sich um ein Kunstwerk. Als alle Stücke seinem Wunsch entsprechend elegant und ästhetisch angeordnet auf dem Papier lagen, sah er sehr glücklich aus. Bei der Lammkeule, die ich dann aussuchte, verhielt er sich mit der gleichen Langsamkeit und Konzentration. Nachdem er die Keule gesäubert und von überflüssigen Häutchen und Fettfetzen befreit hatte, strich er zart mit der Hand über das Fleisch, bis es glänzte. Er war etwas besorgt, als ich sagte, er soll den Knochen so lassen, wie er ist; es schien seinen Sinn für Ästhetik aufs Unangenehmste zu stören. Als wir dann den Laden verließen, waren 25 Minuten vergangen! Aber so einen Metzger gibt es nur einmal. Und ich habe vergessen zu erwähnen, dass er jung und hübsch ist, dieser Metzger!

Ich bin mir nicht sicher, wie die Türken Lamm zubereiten, aber von jetzt an werde ich das Fleisch immer bei ihm besorgen. Ich bleibe vorerst dem französischen Rezept treu:

Gigot d'agneau

Lammkeule aus Frankreich

Das Lamm mit Salz und Pfeffer einreiben. Die Knoblauchzehen schälen und diese an verschiedenen Stellen ins Fleisch stecken.

Backofen auf 180 °C vorheizen, das Lamm mit Butter bestreichen und in den Ofen schieben.

Immer wieder mit der geschmolzenen Butter bepinseln, ab und zu etwas Wasser angießen (Garzeit: 20-25 Minuten pro Pfund).

Am Ende der Garzeit soll noch rosa Flüssigkeit heraus tropfen, wenn man das Fleisch ansticht.

Fleisch aus dem Ofen holen, in Scheiben schneiden (von oben nach unten entlang dem Knochen! Wie beim Gyros).

Als ideale Beilage passen die *flageolets* dazu (siehe »Die erste Liebe und (nicht) die Bohnen«)!

Für 6 Personen:

1 große Lammkeule (1–1 1/2 kg mit Knochen, auch wenn der Metzger Sie komisch anschaut, wenn Sie darum bitten!)

6 Knoblauchzehen

1 EL Butter

Salz und frisch gemahlener Pfeffer

Agathe und die Pfannkuchensuppe

Sie fiel einfach tot um in ihrer Küche. Ausgelöscht, ganz plötzlich, vollkommen unerwartet. Sie war allein und verrichtete ihren üblichen Tagesablauf: Salate putzen, saftige Tomaten aussuchen und diese in dünne Scheiben schneiden, Bärlauch – weil er Saison hat und in Mode ist – klein hacken; Rucola hübsch auf den Tellern anordnen, ein schönes, sämiges Dressing vorbereiten. Denn in diesem hervorragenden bayerischen Restaurant wird nicht irgendeine Fertigsauce mit reichlich Wasser vermischt und lieblos auf welke Blätter gegossen.

Der Anfang eines mühseligen Tags auf den müden Beinen – Krampfadern, die traurigen Zeugen des täglichen Stehens. Ich kann mir denken, dass sie genauso sanft starb, wie sie war. Eine gutmütige und großzügige Frau, etwas zurückhaltend, aber loyal, treu, ergeben.

Der innere Tod hatte sich schon vor vielen Jahren heimlich eingeschlichen, als sie langsam merkte, dass der fröhliche Mann hinter der Theke, immer gut gelaunt, immer freundlich, der Vater ihrer Kinder, immer ein Glas Bier in der Hand hielt. Später im Tagesverlauf begleitete auch ein kleines Glas Schnaps das Weizen. Es war ihm nicht anzumerken: Keine rot unterlaufenen Augen, keine geplatzten Äderchen auf der Nase, keine großporige Haut.

Aber er schrie sie öfter an, war ungeduldig, und diese Spannung setzte sich fort in ihrem Schlafzimmer, wo er nicht mehr sanft und liebevoll ihre Schulter streichelte, um ihren müden Gliedern eine gewisse Linderung zu verschaffen. Im Gegenteil, er war unruhig, schlief schlecht, schnarchte dafür umso lauter, und viele Nächte verbrachte sie auf dem Sofa.

Dann kam diese jüngere Frau in das Lokal: Frech gekleidet, das schöne Haar hochgesteckt, knallenge Jeans und ein Dekolleté bis in alle Tiefen! Und es war um ihn geschehen. Er gockelte wie ein Jüngling, zog buntere Hemden an, trank mehr als je zuvor und war mit Agathe und allen anderen sehr ungehalten. Sie blieb in der Küche, briet knusprige Schweinshaxen, schlug den Teig, um eine hervorragende Pfannkuchensuppe vorzubereiten, schwieg und litt. Die Trennung geschah innerhalb des Hauses, zwei separate Zimmer. Er trank und bediente und war gut gelaunt, sie schuftete, weinte und hielt das Ganze aufrecht. Bis vorgestern. Er hat sie zu Tode getrunken.

Das Rezept für diese Suppe vertraute sie mir vor vielen, vielen Jahren an. Eine große weiße Schürze um die Hüften gebunden, lud sie mich in ihre geräumige und blank geputzte Restaurantküche ein. Sie gab mir ein Papier und diktierte, eine Hand auf der Hüfte, mit der anderen stützte sie sich auf die Arbeitsplatte. Ich probierte sie nie aus. Aber heute mit Ihnen:

Pfannkuchensuppe nach Agathe

1 1/2 l kräftige Rinderbrühe:

- 500 g Suppenfleisch
- 1 Markknochen
- 1 Stange Lauch
- 1 Karotte
- 1 Stück Sellerieknolle
- 1 EL grobes Salz
- 5 schwarze Pfefferkörner
- 1 Würfel Rinderbrühe
- 1 Lorbeerblatt

Pfannkuchen aus:

- 125 g Mehl
- 2 Eier
- 1/4 l Milch
- Salz
- frisch geriebene Muskatnuss

- 2 EL Butter
- 2 große Schalotten, fein gewürfelt
- 2 EL frische Petersilie
- 250 g Kalbsbrät
- 2 Eier
- 100 g Butter
- je 1 EL Petersilie und Schnittlauch, fein gehackt

Für die Brühe das Fleisch und den Markknochen mit kaltem Wasser bedecken und stark aufkochen. Die Brühe abschäumen. Wenn sich kein Schaum mehr bildet, Hitze reduzieren und die restlichen Zutaten hinzufügen. Mindestens 30 Minuten sanft köcheln lassen. Die Brühe durch ein Sieb in einen Topf abseihen (das Gemüse aufessen, denn es schmeckt köstlich) und warm halten.

Einen Pfannkuchenteig herstellen und ruhen lassen.

Die Schalotten in schäumender Butter schwitzen lassen, bis sie glasig sind. Die Petersilie hinzufügen und kurz mit anschwitzen. Schnell mit dem Brät mischen und 15 Minuten ruhen lassen.

In der Zwischenzeit Pfannkuchen in Butter ausbacken und im Ofen warm halten.

Die zwei leicht geschlagenen Eier nacheinander und mit der Hand sanft zur Brätmasse geben, kneten.

Einen warmen Pfannkuchen auf einen vorgewärmten Teller legen, mit der Brätmasse bestreichen und aufrollen. Mit jedem Pfannkuchen ähnlich verfahren, bis Pfannkuchenteig und Brätmasse aufgebraucht sind. Die Rollen in dünne Scheiben aufschneiden.*

In einer großen Pfanne 100 g Butter schmelzen lassen und die Brätrollen scharf anbraten. Sofort in einen vorgewärmten Teller oder eine Suppenterrine geben und mit Brühe begießen. Je nach Geschmack mit Kräutern bestreut servieren.

** Sie können die Brätröllchen auch im Voraus zubereiten. In diesem Fall die Röllchen im Ofen 15 Minuten bei 150 °C Umluft aufwärmen.*

Rote Wut und Blutorangen

Heute habe ich mich knallig angezogen. Ja knallig, weil ich voller Wut bin. Deshalb die Farbenexplosion: rote Strumpfhosen, rote, geschnürte Söckchen (noch nie gesehen? München, bei der »Strumpftante«, das sind nämlich die guten Adressen!), Louis XVI-Schuhe (mit verrückten Absätzen, die habe ich seit 14 Jahren, sind immer noch tip top), ein sehr, sehr, sehr kurzer rot karierter Schottenrock und dazu einen ganz konservativen schwarzen Rollkragenpullover – und darunter die teuerste Unterwäsche, die ich je besessen habe. Lise Charmel, habe ich schon erwähnt. Und genau deshalb, weil die mich mal alle können, vor allem der männliche Anteil in dieser Familie, immerhin 3 Männlein und 2 Weiblein. Der Größte hat heute früh angefangen: Es ging um Geld und Parkettboden und wieder darum, dass wir arm sind! Und ich will einen Parkettboden oben, weil es schmuddelig aussieht, und es muss kein festklebendes Parkett sein, aber anscheinend muss es doch sein, aber schade, dass wir es uns nicht leisten können! Zum Mäusemelken, sage ich Ihnen. Dann der Kleinste, der ein Riesentheater veranstaltet hat, weil sein Freund nicht zu uns kommen konnte. Und dann der Mittlere: Anstatt ein bisschen zu lernen (schließlich kostet seine sehr spezielle Schule 400 Euro im Monat, und diese österreichische Schule sammelt alle Jugendlichen Münchens und Umgebung mit Lernschwierigkeiten – so heißt es heutzutage – und deren verzweifelte Eltern!), hockt er vor meinem PC und lädt sich komische Musik runter ... da ist mir der Kragen geplatzt, und ich habe mich sozusagen wutaussagend angezogen. Und dabei ist mir die Geschichte mit Maria Stuart eingefallen. Wetten, dass Sie das nicht wissen? Lesen Sie bitte die Biografie Maria Stuarts von Stefan Zweig ..., denn abgesehen davon, dass ihr Leben ein Wahnsinn war, mit Entführung, Vergewaltigung, Verrat, Königinsein, nicht mehr Königinsein und von der ehemaligen Vertrauten und Kusine zum Tode verurteilt bzw. enthauptet zu werden, beschließt sie in ihrem Kerker, Folgendes: Sie lässt sich knallrote Unterwäsche nähen! Und zwar solcherart, dass, wenn der Henker ihren Kragen runterreißt, um den zarten Hals dem Beil zu schenken, ein seidenes, blutrotes Unterkleid erscheint! Ich finde diese Idee dermaßen gewagt, toll, weiblich, mutig, unbeschreiblich! Die werden ganz schön geguckt haben, diese gaffenden Menschen, und der Henker, und die Kusine – und überhaupt ...!

„KA-BE"

Pavé à l'orange

Orangenbiskuit

(in der Farbe zumindest meiner Wut entsprechend! Warum nicht Blutorangen nehmen? Fällt mir gerade ein!)

Ich werde heute meine Männer um Folgendes bitten:

2 Packungen Löffelbiskuits
2 Eigelb
150 g Zucker
250 g Butter – weich wenn ich bitten darf!
Schale von 2 unbehandelten Orangen plus deren Saft

Die Männer sollen gefälligst Eigelb und Zucker vermischen und über dem heißen Wasserbad so lange rühren, bis sich der Zucker aufgelöst hat! Dann die weiche Butter hinzufügen, danach die Orangenschalen. Schön mischen! Schön, habe ich gesagt!

Die Biskuits einzeln in den Orangensaft tunken und damit den Boden einer rechteckigen Form in einer Lage auslegen. Diese Lage mit der Buttercreme bestreichen. Dann wieder eine Lage eingetunkter Biskuits darauflegen, und so weiter und so weiter. Mit der Crème abschließen und nach Lust und Laune dekorieren (mit Orangenscheiben oder was Ihre Fantasie hervorbringt). Das Ganze über Nacht kühl stellen, und hoffentlich geht es mir dann morgen besser, und ich freue mich, wenn ich den Kühlschrank aufmache und mir kleine rechteckige Stücke auf der Zunge zergehen lasse.

Bringt jede Wut ebenfalls zum Zergehen!

Elizabeth I

Heimliche Leidenschaften und Vin à l'orange

Auch wenn öfters niveaulos, so bin ich im Grunde genommen hoffnungslos romantisch und male mir sehr gerne aus, wie manche Ereignisse stattgefunden haben könnten oder wie sie zustande kamen. Vielleicht haben Sie auch Die wunderbare Welt der Amélie angeschaut! Auch Amélie kann sich die Welt romanwürdig ausmalen und tut alles, damit es so ist. Ihre Ausführungskraft und Fantasie habe ich leider nicht, aber zwei Gegenstände regen immer wieder meine Imagination an: Eine sehr schöne kobaltblaue Bonbonniere bei meinen Eltern, und ein besonderes goldenes Armband, das mir meine Mutter geschenkt hat.

Die Bonbonniere wurde meinen Großeltern anonym zur Hochzeit geschenkt: Auf dem Deckel ist die Liebe in der üblichen Form von Engeln dargestellt.

Das Armband wurde von meiner Mutter nach dem Tod ihrer Mutter einfach in einem Schrank zwischen Tüchern aufgefunden, sie hatte dieses Schmuckstück an ihrer Mutter nie gesehen; sie hätte es bemerkt, es ist sehr originell.

Was fällt Ihnen dazu ein?

Zu der Bonbonniere denke ich, dass mein Großvater, Veterinär, stolz und schwierig, die stürmische Liebe einer Hundebesitzerin entfacht hat, und ihr Herz schlug jedes Mal höher, wenn sie mit ihrem Chauffeur aus Paris anreiste, um ihren Hund zur Diät bei diesem hervorragenden Tierarzt zu lassen – wobei sie immer vermerkte: »Der Hund bekommt in der Früh eine Scheibe Rinderfilet (Charolais, das beste aus Frankreich und hier nicht überall zu bekommen!) und abends ein Fischfilet!«, ihr Herz schlug noch höher, wenn er vom Pferd runterstieg, um ihre Hand mit den feinen Lederhandschuhen zu küssen. Da er bereits in meine Großmutter verliebt war, bekam sie nie mehr als seine Lippen auf dem Handschuh zu spüren und Grande Dame blieb sie, indem sie ihm anonym die Bonbonniere zur Hochzeit schenkte.

Zu dem Armband denke ich, dass meine Großmutter, trotz ihrer kühlen dunkelblauen Augen und ihres sehr trockenen Tons, eine leidenschaftliche Frau war, die zu selten die Chance bekam, dies auszuleben. Der Hass ihrer eigenen Mutter sowie die Umgebung im Internat konnten nicht dazu beitragen, diese Seite erkennen zu lassen und auszukosten. Aber einem Mann gelang es trotzdem, und zwar, als sie schon verheiratet war. Er war ein Freund der Familie, kam regelmäßig zum Essen, und während die Männer über die Jagd sprachen, saß meine Großmutter gelangweilt am Tisch und nippte an ihrem Glas. Das schöne Haar, hochgesteckt, entblößte einen zu blassen Hals, kleine Perlen, mit Diamanten umrahmt, schmückten ihre kleinen Ohren (die habe ich auch noch, nein, nicht die kleinen Ohren – leider! –, sondern die Ohrringe). Und während der nächste Termin für die Treibjagd festgelegt wurde, schaute der Freund verstohlen auf die kühle Gastgeberin. Und eines Tages wurde der Veterinär zu einem Notfall auf dem Lande gerufen. Eine Kuh hatte Probleme beim Kalben und er musste sofort los, noch vor dem Nachtisch. Der Freund blieb alleine mit meiner Großmutter und – dank ein paar Gläser Weins mutig geworden – legte seine Hand auf ihren Hals und seine Lippen auf ihren Mund. Und anstatt sich zu wehren und ihm eine Ohrfeige zu verpassen, knöpfte meine Großmutter ihre bestickte Bluse auf. Es blieb bei diesem einen Mal, der Krieg kam, und die Männer mussten fort. Am Tag seiner Abreise in den Tod brachte dieser einmalige (einmalig nur wegen dem einen Mal! Hoffentlich aber auch im anderen Sinne!) meiner Großmutter diesen Armreifen, Erbstück seiner eigenen Mutter und aus der Zeit Napoleon III stammend (für diejenigen wie ich, die so gut in Geschichte sind: Mitte des XIX. Jahrhunderts!)

Ja, so muss es gewesen sein mit der Bonbonniere und dem Armband! Und als dieser Kuss gegeben wurde, wurde folgender Wein eingeschenkt:

Vin à l'orange

Orangenwein

Jetzt führe ich Sie ein in den Geschmack der altmodischen Rezepte. Dieser Wein schmeckt wirklich köstlich und die Mühe lohnt sich unbedingt, vor allem, wenn die Mühe so gering und das Genießen so erlesen ist!

1 großes gläsernes und verschließbares Gefäß besorgen.
1 l guter Rotwein oder Rosé
1 große oder 2 kleine unbehandelte Orangen mit Schale, grob geschnitten
die abgezogene Schale von einer 1/2 unbehandelten Zitrone
2 Nelken
200 g Zucker
1 Schnapsglas Schnaps!

Wein, Zitrusfrüchte und Nelken vermischen, abfüllen, Gefäß gut verschließen und drei Wochen im Keller stehen lassen. Die Flüssigkeit dann durch ein Sieb in einen Topf gießen, mit 200 g Zucker unter permanentem Rühren auf lauwarme Temperatur erwärmen. Ein Glas Schnaps – egal was für einer, Hauptsache 45 Prozent Alkohol – hinzufügen, und es kann losgehen. Schmeckt total klasse.

Sie können diesen Wein als Aperitif oder auch zum Nachtisch servieren. Der *Flan aux fruits confis* eignet sich sehr gut dazu:

Flan aux fruits confis

Flan mit kandierten Früchten

ein Rezept meiner Mutter

Man heize den Backofen auf 140 °C (Umluft) auf und vor!
Man bereite Karamell aus 150 g Zucker (oder kauft ihn schon gemacht)!

Man nehme des Weiteren:

5 Eier
5 EL Zucker
1/2 l Milch
altbackene Brioche oder genügend
Löffelbiskuits für den Boden der Form
eine kleine Handvoll Rosinen,
30 Minuten in warmem Wasser eingeweicht
(gemischt mit dem Alkohol, den Sie ausgesucht haben)
eine kleine Handvoll kandierte Früchte –
gleiche Behandlung wie die Rosinen
Rum, Grand Marnier oder Cointreau

Man mische gründlich in einer Schüssel Eier mit Zucker. Man gieße die Milch dazu, auch da sehr gründlich verrühren. Für den Karamell: Zucker in einem Topf schmelzen und, sobald er blond wird, in eine rechteckige Kuchenform gießen. Man nehme entweder eine alte Brioche (zwei Tage alt oder so) oder Löffelbiskuits. Man lege die Löffelbiskuits sofort (der Karamell härtet blitzschnell) und dicht aneinander auf den Karamell und träufle Rum oder Grand Marnier oder Cointreau darauf. Man lege das präparierte Obst auf die Biskuits, man nehme ein feines Sieb und gieße die Eiermischung durch das Sieb auf die Biskuits, den »Stoff« und die Obstmischung. Ja es stimmt, die Biskuits wollen raus und schwimmen hoch. Kein Problem, gehört sich so! Man bereite ein heißes Wasserbad in einem tiefen Blech und schiebe den Flan in den Backofen. Man schalte die Piepsuhr auf 25 Minuten. Der Flan müsste danach hochgegangen sein und eine braune Oberfläche vorweisen. Wenn es so ist, dann stechen Sie bitte mit einem Messer oder einem Holzspießchen rein, um zu überprüfen, ob er trocken rauskommt.

Abkühlen lassen, kühl stellen und kurz vor dem Servieren auf eine Platte umstürzen. Sehr frisch und lecker und billig und einfach und selten und noch nie gegessen und hierzulande völlig unbekannt!

La Tosca
et le poisson

Zu ihrem 80. Geburtstag war meine Mutter in München und ich lud sie ein, in die Oper zu gehen und zum x-ten Mal über Puccinis »La Tosca« tränenreich den Abend zu verbringen. In der Pause hatte ich einen Tisch reserviert und ein kleines Menü von Feinkost Käfer bestellt; es war ein schöner Abend, und sie hat ihn sehr genossen. Als wir beim Essen waren, wurde sie etwas nachdenklich und vertraute mir an, es gäbe ein Geheimnis in ihrem Leben, das sie mir gerne anvertrauen möchte, bevor sie stirbt. Der Zeitpunkt sei noch nicht gekommen, aber es hätte damit zu tun, dass, als sie ein junges Mädchen war, ihr eine Weissagung über ihr Leben gemacht worden war – eine dramatische Vorhersage: Tod durch Mord. Leider musste ich meine Neugier in Zaum halten, was mir schwerfiel – können Sie sich bestimmt denken. Nach der Pause gingen wir zurück zu dem Drama auf der Bühne, ich aber war bei dem wahren Drama, dem Drama des Lebens, den Geheimnissen, die die eigenen Eltern manchmal mit sich tragen, den dunklen oder hellen Seiten, die nicht erscheinen dürfen.

Mittlerweile habe ich das Geheimnis erfahren, ich habe bei ihrer Erzählung viel geweint, konnte es nicht fassen, habe mir alles aufgeschrieben und werde diese Geschichte bestimmt bearbeiten und in Worte fassen müssen. Vielleicht teile ich Ihnen das auch eines Tages mit, je nachdem. Und es ist alles gut so, wie es ist, meine Mutter – inzwischen 83 Jahre alt geworden – vermischt jetzt die Ereignisse und wäre nicht mehr in der Lage, ihr »Abenteuer« mit der gleichen Klarheit zu erzählen. Kochen kann sie auch nicht mehr gut, sie war eine Meisterin der handgerührten Mayonnaise, des Schokoladenkuchens, der *Quiche lorraine,* der *Tarte aux pommes,* und des *Pot-au-feu.* Und um sie zu ehren, werde ich heute meiner Familie Folgendes auftischen … und ihr bei Gelegenheit vielleicht auch die Geschichte verraten:

... eignet sich für jedes Fischfilet, das gedämpft oder leicht in Butter geschmort wird.

Meine Fischsauce

1 Glas guter Weißwein
1 Schalotte, sehr klein gewürfelt
1 EL Hummerbutter (siehe Glossar)
1/3 Glas Fischfond (siehe Glossar)
1 Becher Crème double
1 TL Pastis (Anisschnaps)
1 TL zerdrückter rosa Pfeffer
Salz
ein bisschen Pfeffer
1 EL frische Butter

Den Weißwein mit der Schalotte auf mittlerer Flamme auf 1 EL reduzieren lassen. Den Wein sieben und die Schalotten im Sieb gut ausdrücken. In einem mittelgroßen Topf die Reduktion zusammen mit der Hummerbutter vermengen und mit dem Fischfond aufwärmen. Nicht kochen lassen. Wenn die Mischung warm ist, die Crème double, den Pastis und die Gewürze unterrühren. Zuletzt die frische Butter darin schmelzen lassen!

Ist irre gut, einfach in der Vorbereitung, wenn auch Vorsicht geboten ist, da Sie nicht einfach so die Küche verlassen können. Die Sauce darf nicht überkochen. Sie bleiben brav an Ihrem Herd – da, wo Sie eh hingehören! Die Sauce sofort mit den warm gehaltenen Fischfilets servieren. Passt zu Kabeljau, Lotte, Loup de mer, Viktoriabarsch usw. ...

Von Brunnen und rotem Gemüse

Also Deutsch sprechen und verstehen gleich in der Früh ist nicht ohne Tücken! Noch ziemlich verschlafen, um 10.00 Uhr morgens an einem Samstag, spiele ich die Supermama und gehe für das Fest unserer Tochter Getränke einkaufen. Bier, Wasser und Cola sollen reichen. Als unser rothaariger, mächtiger und sehr sympathischer Getränkehändler mich fragt, welches Wasser ich denn nehmen wolle, überlasse ich ihm die Entscheidung. Er sagt »Dietenbrunnen«, und ich schaue ihn fassungslos an! Tittenbrunnen? Ich wusste nicht, dass es so ein Wasser gibt! Komische Blicke in der Schlange hinter mir, schallendes Lachen vom Verkäufer und Röte in meinem Gesicht. »Es ist so erfrischend, so was aus dem Munde einer Frau am frühen Morgen zu hören! « Von jetzt an werde ich nur noch »Adelholzener« oder »Überkinger« oder andere unverfängliche Marken besorgen. Vielleicht hat aber meine Missinterpretation mit meiner Obsession zu tun: Ich habe keinen Busen – zumindest nicht in dem Maße, dass ein anständiges Dekolleté entstehen könnte! Wie die Werbung für das Bier auf der Wies'n oder .... Ist Ihnen aufgefallen, dass das Wort Dekolleté nicht unbedingt Deutsch klingt? Was sagen Sie denn dazu? Ich muss wohl im Wörterbuch schauen, vielleicht finde ich einen passenden Ausdruck! Dabei ist es auf keinen Fall eine französische Eigenschaft. Ich bin der lebendige Beweis dafür! Auch die Engländer haben eine schöne Bezeichnung gefunden mit ihrem *cleavage!* Also, ich werde mich kundig machen. Eines weiß ich aber unbedingt: Ich finde diese Spalte oder Linie oder – nee, nicht Falte –, auch da fehlt mir das passende Wort, auf jeden Fall, was zwischen zwei Brüsten ist, wenn diese zusammengepresst sind, WUNDERSCHÖN und jede und jeder, der das Gegenteil behauptet, hat ein Problem. Jetzt kommen wir auf das zurück, was uns vorantreibt, was uns sehr beschäftigt, was serviere ich zu so viel Mineralwasser?

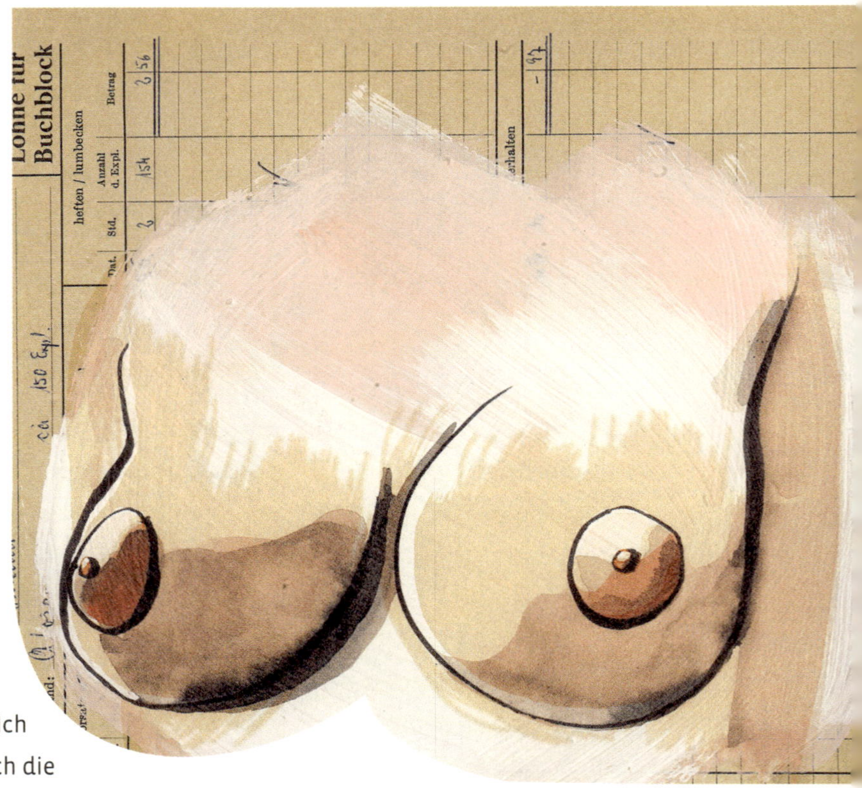

Spinat-Rotkohl-Rote-Bete-Salat

aus Mexiko

Sehr saisonbedingt, sehr bunt, sehr lecker, ein bisschen aufwendig, kann aber ein Mahl ersetzen!

Salat:

1/2 Rotkohl in sehr dünne Scheiben geschnitten
2 kleine ROHE, geschälte Rote Beten, in dünne Stifte geschnitten
250 g junger Spinat
(je nach Größe der Blätter ganz oder geschnitten)
1/2 rote Zwiebel, in sehr dünne Scheiben geschnitten
100 g kandierte Ananas
60 g gerösteter Sesam

Diese Zutaten werden kurz vor dem Servieren miteinander vermengt.

Vinaigrette:

1 1/2 TL Sojasauce
125 ml Maiskeimöl
2 EL Apfelessig
1 TL gekörnte Hühnerbrühe
1 TL Estragon – getrocknet
1/2 TL Oregano
gemischte frische Kräuter – Menge nach Geschmack – wie Schnittlauch, Dill, usw.

Alle Zutaten miteinander vermischen. Kann im Voraus zubereitet werden.

Avocado-Dressing (kurz vor dem Servieren zubereiten):

250 ml Milch
1 Knoblauchzehe
1 EL Limonensaft
250 ml Sahne
2 reife Avocados
Salz
1 EL Schnittlauch, fein geschnitten

Im Mixer alle Zutaten gründlich verrühren mit Ausnahme des Schnittlauchs. In eine Schüssel umfüllen und den Schnittlauch hinzufügen.

Croûtons:

1/2 Baguette , in etwa 1,5 cm dicke Scheiben geschnitten.

Die Scheiben in reichlich Öl braun anbraten und auf Küchenpapier abtropfen lassen. Mit Knoblauch einreiben – beidseitig – und in Würfel schneiden.

Kurz vor dem Servieren die Vinaigrette unter den Salat mischen. Avocado-Dressing und Croûtons gesondert dazu reichen, die Flasche »Tittenbrunnen« nicht vergessen!

Banana und Limonen

Manchmal bin ich die Naivität in Person. Es ist unglaublich, ich, die sich dermaßen oft unter der Gürtellinie befindet oder bewegt (Sie verstehen schon, was ich meine, hoffentlich!), verstehe es oft nicht, wenn ein anderer dies tut.

Ein Beispiel: Ich sitze an einem Traumstrand in Afrika, genauer gesagt auf der Trauminsel Lamu, ich denke, ich werde gleich aufwachen, weil es zu schön ist, um wahr zu sein. Ich schaue auf die Palmen, auf die groben Holzsegelboote, die handbemalt sind, und auf die großen Segel aus rohem Leinen, die im Wind flattern. Hinter mir ist das nette Hotel, von Dänen geführt, wo ich ein gemütliches Zimmer mit Himmelbett und Moskitonetz bewohne. Langer Rede kurzer Sinn, es geht mir gut, sehr gut sogar. Wir haben das Jahr 94, ich habe noch schöne Beine und verdanke es der Großzügigkeit meines Mannes, dass ich alleine eine alte englische Freundin in Kenia besuche.

Ein sympathischer Afrikaner mit Rastalocken kommt lächelnd auf mich zu und setzt sich zu mir. Das übliche Geplänkel: »Woher kommst du, das erste Mal hier? …«

Er: Wie heißt du?

Ich: Nathalie, und du?

Er: Captain Banana!

Ich: Warum Banana?

Er: Rate mal *(und zwinkert mit den Augen).*

Ich: Ah! Hum hum hum? OOOHHH! Verstehe.

Er: Gehen wir ins Wasser?

Ich *(immer noch blöd, will aber cool und gelassen erscheinen):* Gerne!

(Wir plantschen rum, mein ungutes Gefühl nimmt zu.)

Er: Rauchst du gerne Hasch?

Ich: Seit langem nicht mehr gemacht, nee …, danke!

(Er kommt näher und bevor ich mich versehe, ist er überdeutlich in seinen Absichten.)

Ich *(nach wie vor so höflich wie möglich, schließlich will ich es mir mit den Einheimischen nicht verderben!):* Ich fühle mich sehr geehrt, aber nein! Trotz Banane! Fahr mich bitte lieber zu der Insel gegenüber.

Er: Was willst du dort?

Ich: Robinson Crusoe spielen.

Es ist sehr schwer, das Mittelmaß zu finden, oder? Zwischen höflich sein und bleiben, Interesse an einem Gespräch haben und nicht unbedingt flachgelegt werden zu wollen! Gesagt, getan, er fuhr mich rüber, wir einigten uns, dass er mich nach 6 Stunden abholen würde, und es wurden die längsten 6 Stunden meines Lebens. Die Insel war unbewohnt, weil sie nicht bewohnbar war ... *sand flies?* Kennen Sie diese Insekten? Meine Beine waren dann für Wochen entstellt und ich musste Antibiotika schlucken, um eine schlimmere Infektion zu verhindern.

Auf Lamu habe ich dieses geniale Rezept für Limonen- und Tomatenmarmelade bekommen:

Lime and Tomato Jam

Zitrusmarmelade

Man braucht:

Einen Freund, der in den Markthallen arbeitet und umsonst
eine Kiste reifer Tomaten (davon 2 kg für die Marmelade opfern)
und 2 kg unbehandelte Limonen besorgt.
Einen süßen, dynamischen Kenianer, der die Limonen schält
(oder dieses kleine praktische Gerät – der Name kommt mir gleich wieder) ...
2 kg brauner Zucker
knapp 1 l Wasser
etwa 1/3 l Limonensaft
viel, viel, viel Zeit und Geduld!

Einen Tag vorher beginnen: Die mit dem Gerät *(dessen Name mir immer noch nicht einfällt)* erhaltenen Limonenschalen über Nacht in den Kühlschrank stellen. Sich eine schöne Nacht machen bevor Sie **am nächsten Tag**: Die Tomaten enthäuten und in Scheiben schneiden. Das Wasser mit dem Zucker mischen und zum Kochen bringen. Sicherstellen, dass der Zucker vollständig aufgelöst ist. Die Limonenschalen hinzufügen. Sie können ein paar Limonenkerne in ein feines Tuch stecken, zuschnüren und zum Zucker-Limonen-Wasser geben. Jetzt das Ganze 10 Minuten kochen lassen und gegebenenfalls abschäumen. Dann die vorbereiteten Tomaten hinzufügen, Hitze reduzieren und sehr lange kochen, bis Sie das Gefühl haben, dass es die Konsistenz erreicht hat, die Sie sich wünschen (wenn wir immer so lange warten würden ...). Wenn es so weit ist, den Limonensaft hinzufügen und weitere 10 Minuten kochen. In kochend heiß ausgespülte Gläser abfüllen und gut verschließen.

Ich hab's: **Zestenreißer**!

Dream and reality

Träumen Sie auch manchmal? Ich auch. Also, stellen Sie sich vor, Sie haben eine Begegnung. Sie sehen einen Mann (oder eine Frau, ich weiß nicht, wer Sie sind, oder welche Vorlieben Sie haben, ist auch irrelevant, Hauptsache, es geht Ihnen gut bei dem, was Sie machen); Sie gehen einfach auf ihn zu, getrieben von einer unwiderstehlichen Kraft, machen ihm gegenüber eine provozierende Bemerkung, und er antwortet genauso provozierend zurück. Dann, nach einiger Zeit, treffen Sie diesen Mann wieder, dieses Mal ist es kein Zufall, sondern ein Plan. An einem fremden Ort, sie beide alleine. Und stellen Sie sich vor, es ist wunderbar. Er ist witzig und interessiert, er stellt Ihnen nicht die üblichen Fragen: Wie geht es dir so, was machst du so, was hast du studiert ... sondern fragt: Was bewegt dich, was treibt dich voran, was liest du, was liebst du? Schon sind Sie in einer anderen Dimension, oder? Und dann stellen Sie ihm auch andere Fragen und bekommen ganz offene, erstaunliche Antworten. Und weiter stellen Sie sich vor, Sie merken, dass Sie eine verwandte Seele getroffen haben, eine einmalige Begebenheit, ein Geschenk, das Sie erleben dürfen und doch nicht erleben dürfen! Denn mein Wecker läutet, und ein neuer Tag bricht an. Und Robert Redford ist zu alt (und hat sich lange nicht mehr gemeldet!), und ich im Übrigen auch, also wird so ein Ereignis nicht stattfinden. Und es ist auch besser so, denn stellen Sie sich vor, wie Sie sich danach fühlen? Sehr bescheiden (um es milde auszudrücken), ganz bestimmt. Und unser Alltag ist wirklich nicht so schlimm. Also zurück zur Tagesordnung, und diese beinhaltet in letzter Zeit und beunruhigenderweise immer öfters Folgendes:

- Dusche (normal, ich weiß)
- Rubbelcreme für den Körper
- Rubbelcreme für das Gesicht

Dann:

- Anti-aging-Olivenöl-Körpercreme (sehr beunruhigend)
- Straffende Gesichtsmaske
  (nicht zu oft, Sie wollen nicht ausschauen wie Cher mit dem permanenten Lächeln!)
- Gel Buste Multitenseur (oft, Sie wollen doch ausschauen wie Cher, und wenn die Brustspitzen eher nach oben als nach unten streben, ist es ein Fortschritt! Vielleicht ziehen sie den Rest auch mit, wer weiß! Ein erlaubter Traum!)
- Anti-Haarausfall Spray (noch beunruhigender)

Und schon sind Sie bereit für den nächsten Abschnitt des Tages, Sie haben zwar gerade ein kleines Vermögen ausgegeben, aber diese Produkte sind ja sehr ergiebig, auch beim häufigen Gebrauch. Und jetzt, ja gerade jetzt, verwöhnen Sie die Familie und sich selbst mit einer *tarte aux prunes* – Pflaumentorte –, es ist uns egal, ob sie dick macht oder nicht! Wir beweisen allen, dass wir nicht im Geringsten frustriert sind.

Meine Pflaumentorte

200 g Mehl
100 g frische, auf Raumtemperatur aufgewärmte Butter
1 Prise Salz
lauwarmes Wasser – Menge nach Gefühl

Mehl, Butter und Salz mit den Händen vermischen und das Gefühl der schmelzenden Butter genießen. Darauf achten, dass die ganze Butter vom Mehl aufgenommen wird. Nach und nach das Wasser zufügen, sodass ein nicht zu trockener und knetbarer Teig entsteht. Nicht zu lange kneten. In Frischhaltefolie einwickeln und für ein paar Stunden kühl legen (am besten schon am Vortag machen).

Ein paar Stunden vor dem Backen den Teig auf Zimmertemperatur bringen und dieses bereitstellen:

Die vom Nachbarn liebevoll gepflückten 1000 g Pflaumen,
entsteint und halbiert ...
etwa 150 g Gelee, am besten aus Johannisbeeren
(Farbe unwichtig – Hauptsache aus meinem Garten
und mit meiner Kunst eingemacht)
1 Packung Marzipan
Puderzucker (zum Ausrollen des Marzipans)
eine Packung Vanillinzucker
reichlich Zimt
eine paar Flocken Butter
Schlagsahne, mit ein bisschen Zucker und Zimt aufgeschlagen

Eine Quiche-Form mit Butter einfetten, Backofen auf Umluft 160 °C vorheizen, Teig ausrollen und in die Form legen. Den Teig mit Johannisbeergelee bestreichen. Marzipan auf Puderzucker ausrollen und ungefähr auf den Durchmesser der Quiche-Form bringen. Auf das Gelee legen und mit den Pflaumen belegen. Wenn Teigreste vorhanden sind, nett ausstechen und die Torte damit belegen. Eigentlich ist das Wort Torte falsch, es ist eine Tarte! Vor dem Einschieben in den Ofen noch reichlich mit Zimt und einer Packung Vanillinzucker bestreuen! Etwa 20 Minuten backen. Vor Ende der Backzeit noch ein paar Flocken Butter daraufsetzen. Tarte lauwarm werden lassen, mit Schlagsahne servieren und gleich genießen!

Und dazu trage ich eine ältere, aber sehr schöne Dessous-Garnitur und diese hat genau die Pflaumenfarbe! Das ist Kunst!

Men in Black oder: Besser leben mit SXY!

An diesem kalten Dienstagvormittag habe ich mir vorgenommen, mich zu verwöhnen, und lasse mir ein duftendes, schaumiges Bad ein! Ein Luxus um 8.15 Uhr! Ich stehe gerade in der Wanne und will mich langsam und genüsslich hinsetzen, als es an der Tür klingelt. Und zwar ein ungeduldiges, unfreundliches Klingeln! Nicht das Klingeln des Briefträgers, wenn er ein Paket bringt oder der Nachbarin, wenn die Katze in ihren Garten geschissen hat; nein, ein eindringliches, nachdrückliches Klingeln. Fluchend steige ich wieder raus und versuche, mich grob abzutrocknen. Mit viel Vorsicht gehe ich die rutschige Treppe runter, während immer wieder geläutet wird. Als ich mit sehr schlechter Laune die Tür aufmache, warten zwei düstere Herren vor der Tür. »Frau Kir de Montfolet?« — »Ja, bitte?« — »Wir sind von den Stadtwerken, und Sie haben Ihre Rechnungen nicht beglichen! «

Der Badeschaum tropft langsam meine Waden runter, auf meine nackten Füße und auf den kalten Kachelboden! Ich antworte schroff, dass ich erst gerade eine Riesensumme nachgezahlt habe, dass sie sehen können, dass sie unpassend kommen, und zeige demonstrativ auf meine Beine. Ich bitte sie rein. Ich bin so erstaunt von diesem Besuch, dass ich nicht mal daran denke, sie mögen sich vielleicht ausweisen. Sie treten ein, sind nicht besonders freundlich und verlangen, dass ich das Datum der Überweisung raussuche. Ich hole alle meine Ordner raus, ich bin sehr verwirrt, ich werde wie eine Verbrecherin behandelt. Endlich finde ich alles, zeige meine Belege und siehe da ... als ich die Jahresabrechnung erhielt, war ich dermaßen vom Nachzahlungsbetrag geschockt, dass ich die weiteren Seiten nicht beachtet habe. Es sind nämlich Änderungen eingetreten: Die SXY senden keine Rechnungen mehr, die Jahresrechnung enthält das volle Programm für das kommende Jahr, und die Beträge sind nicht mehr alle zwei Monate zu begleichen, sondern monatlich. Da der Betrag fast der gleiche war, ist mir das nicht aufgefallen. Das heißt, dass die Preise – dank dieser genialen Verkoppelung der Gas- mit den Benzinpreisen – um winzige 80 % gestiegen sind! Dann wollen die Herren, dass ich den Computer anmache und die Überweisung für die noch anstehende Rechnung vor ihren Augen tätige. Da wache ich endlich auf und sage, dass ich nur in sauberem Zustand zahle und jetzt augenblicklich in die Badewanne steigen will. Schließlich, bei

diesen Preisen, kann ich es mir nicht leisten, dass das Wasser abkühlt! Das Ergebnis dieser Geschichte ist, dass ich zweimal 5,- Euro Mahngebühr bezahlen muss! Und ja, der Besuch dieser reizenden, nicht mal erotischen Männer kostet mich auch 17,08 Euro die ich auch gleich überweisen möchte, da sonst auf diesen Betrag auch nochmal Mahngebühren dazukommen!

Wer kann sich so eine Behandlung erlauben? Der einzige, der die Energie liefert!

Als ich über den Titel für diese Episode nachdachte, kamen mir die Heiligen Drei Könige in den Sinn ... mit ihren Geschenken. In Frankreich backen wir einen besonderen Kuchen oder besser gesagt eine Galette für diesen Anlass.

La galette des rois

Blätterteigtorte mit Mandelcreme-Füllung

Blätterteig aus 300 g Weizenmehl (siehe Rezept »Falten und Blätterteig«, S. 15!)
1/2 l Milch
1 Vanilleschote, der Länge nach aufgeschlitzt
90 g Zucker
70 g Mehl
1 Ei und 2 Eigelb
100 g geriebene Mandeln
1 Fläschchen Bittermandelöl
1/2 Packung Marzipanrohmasse für diejenigen, die verrückt nach Marzipan sind. Wie ich!

Den Teig in zwei Stücke teilen. Eine runde flache Form mit reichlich Butter bestreichen. Ein Teigstück ausrollen und in die Form legen. Die Vanilleschote in die Milch legen und eine Stunde darin liegen lassen. Die Milch danach aufkochen. Ei und Eigelb zusammen mit Zucker und Mehl in einer anderen Schüssel mischen. *Peu à peu* die Vanillemilch mit dem Schneebesen hinzufügen. Die Mischung nicht länger als eine Minute aufkochen. Von der Herdplatte nehmen und das Bittermandelöl sowie die geriebenen Mandeln hinzufügen.

Die Marzipanrohmasse auf Puderzucker ausrollen und auf den Blätterteig in der Form legen. Die Mandelmischung über das Marzipan gießen. Die Tradition will, dass eine kleine Figur im Kuchen versteckt wird (Zahnarzt-Notrufnummer parat halten). Derjenige, der die Figur findet, wird als König gekrönt.

Den zweiten Teil Blätterteig ausrollen und als Deckel auf die Torte legen. Die Ränder sollen bündig sein (oder über den Formrand leicht überhängen). Im vorgeheizten Ofen bei 160 °C (Umluft) etwa 30 Minuten backen. Etwa 5 Minuten vor Ende der Backzeit die Torte mit zerlassener Butter bestreichen. Lauwarm genießen!

Die Autofahrer und die Schärfe

Ich aggressiv? Wie kommen Sie darauf?

Dass der Autofahrer vor mir solche abstehenden Ohren hat, empfinde ich als Zumutung, und es weckt in mir die Lust, zu schreien und zu überholen.

Und dass die Provinzpomeranze aus Nürnberg vor mir herumirrt und so langsam fährt, dass bei mir die Ampel wieder auf Rot schaltet, macht mich mordlustig. Ich stelle mich auch nicht so an, wenn ich in Nürnberg bin, verdammt noch eins.

Und dass dieser Mercedes-Fahrer mit Hut ohne Blinker vor meiner Nase abbiegt, dem kann nur mit der Todesstrafe begegnet werden. Und ich mag auch nicht, wenn der Fahrer vor mir ganz leger, oder zumindest meint er es so (und nein, diese Geste habe ich noch nie bei einer Frau gesehen!), den rechten Arm auf den Beifahrersitz legt, dann drehe ich voll durch. Also, mal davon abgesehen, dass ich heute ungefähr ein halbes Dutzend Leute – wenn ich im Besitz einer Waffe gewesen wäre –umgelegt hätte, bin ich friedlich und es gibt ganz andere Tage.

Vielleicht hat es damit zu tun, dass heute, als ich meinen Lieblingsduft mal wieder geholt habe (»Opium« seit Jahrzehnten, obwohl manche behaupten, sie hätten eine Allergie dagegen!), die Verkäuferin mir die obligatorischen Proben mitgegeben hat! Wissen Sie, was für welche?

Nein, nicht einen neuen Duft, sondern »Jeunesse des Mains« (brauchen Sie eine Übersetzung? Jugend der Hände), »Cou Lisse« (glatter Hals), Augenfältchen (diese Verniedlichung!)-Creme usw. ... ich habe sie entgeistert angeguckt, ein junges Ding von 20 Jahren, für welche ich bereits eine alte Schachtel mit »Verjüngerungsbedürfnissen« bin.

Danach soll ich in Ruhe hinter diesen Affen Auto fahren?

Und überhaupt, wie er seinen Kopf hält, oder neigt, oder nicht neigt, macht mich irre und würde es rechtfertigen, dass ich ihn von der Straße abdränge. Stattdessen werde ich mir Folgendes genehmigen:

Pikantes Rindfleischgericht

aus Thailand: *Nua Pad Prik*

... und da ich so aggressiv bin und mich selber als gemeingefährlich einstufe, werde ich es sehr scharf machen, aber für Sie – sicherlich ausgeglichen, glücklich, sanft und gelassen – werde ich die richtige Schärfe indizieren!

Für 6 Personen mit wenig Appetit oder 4 wie mich:

500 g Rinderfilet
1 TL Salz
1/2 TL schwarzer Pfeffer, frisch gemahlen
1 1/2 TL Knoblauch, zerdrückt
2 frische grüne Chilischoten (für mich 3)
1 frische rote Chilischote (für mich 2)
1/4 Tasse Pflanzenöl (ca. 60 ml)
1 1/2 EL Fischsauce (siehe Glossar)
1 1/2 TL Zucker
1 Bund frischer Koriander

Das Fleisch in sehr dünne Scheiben schneiden, mit Salz, Pfeffer und Knoblauch einreiben und 5 Minuten stehen lassen. Die Chilis sehr fein hacken.

Das Öl in einem großen Wok erhitzen. Das Fleisch hineingeben und die Scheiben beidseitig anbraten, bis sie Farbe angenommen haben. Chilis, Fischsauce und Zucker dazugeben und unter häufigem Wenden weiterbraten, bis das Fleisch durch ist. Den Koriander unterheben, anrichten und sofort servieren.

Als Beilage eignet sich entweder Basmati-Reis oder die feinen gelben chinesischen Nudeln und mal schauen, was von den Aggressionen noch übrig ist. Übrigens, mit grünem oder Jasmin-Tee servieren!

Affen und Bitta

Manchmal hat er wirklich Humor, nicht immer, wenn ich es mir wünsche, aber manchmal schon. Das erste Mal, als ich einen Baby-Gorilla adoptierte, meinen kleinen Mutarama (ja, so hieß er!) und als die Adoptionsurkunde kam, fragte er trocken, ob der Gorilla mit uns Weihnachten feiern würde. Fand ich wirklich klasse als Bemerkung! Dieses Mal aber, wie bereits erwähnt, habe ich teils aus Groll, teils aus Überzeugung, eine Mutter mit Kind adoptiert. Wir saßen am Tisch, als ich die Adoptionspapiere öffnete. Leider hatte er dieses Mal keine lustige Antwort parat, sondern: »Ich bohre den lieben langen Tag Zähne, und das Geld geht zu den Gorillas nach Afrika.« Ja, sagte ich, es ist doch eine schöne Sache. Ich hätte das Geld verschwenden können, ich meine, schon wieder Unterwäsche oder Minirock oder weiß der Geier was. Aber da tat ich wirklich etwas Gutes, meinen Sie nicht auch? Ja, Sie verstehen mich, aber er mich nicht.

Und dadurch hat er auch kein Verständnis dafür, dass ich meine nächste Alleinreise nach Sumatra machen möchte, um den Orang-Utans zu helfen, und dann an den Amazonas, um den berühmten Fluss zu bestaunen, und dann komme ich bestimmt ganz ausgeglichen nach Hause zurück und alle sind bis in alle Ewigkeit glücklich! Obwohl, ich muss fair sein. Er ist glücklich auf bekanntem Boden und ich auf unbekanntem.

So ist die Lage, wenn sich konträre Menschen anziehen und beschließen, den weiten Weg miteinander zu beschreiten. Aber heute spiele ich das bockige Mädchen, habe kein Verständnis für niemanden außer für Tiere in Not und meine Wenigkeit – auch in Not. Also setze ich noch einen drauf und veranlasse eine Spende für die gefährdeten Braunbären in Kamtschatka (fragen Sie mich bitte nicht, wo das liegt!) sowie eine größere Spende für die Gorillas in Uganda. Es versetzt mich in vegetarische Stimmung und daher:

Helimli Bitta!

Würziges Brot

1 kg Weizenmehl, 3 gestrichene TL Salz, 1 Würfel Hefe
200 g Schafskäse (zur Not ein anderer, würziger Hartkäse), in Würfel geschnitten
2 mittelgroße Zwiebeln, fein geschnitten, 3/4 l lauwarmes Wasser

Mehl, Salz, zerbröckelte Hefe, Käse und Zwiebeln mischen und das warme Wasser dazugeben. Den Teig in der Küchenmaschine so lange schlagen, bis er nicht mehr am Schüsselrand klebt. Wenn Sie eine Sportlerin sind oder sich Armmuskeln wünschen oder Aggressionen haben, dann schlagen Sie den Teig mit dem Holzlöffel … dann zugedeckt aufgehen lassen. Alle Rezepte sagen: »In der warmen Küche«. Ich meine, ist Ihre Küche wirklich warm? Also ich heize den Backofen auf die kleinste Stufe vor und stelle die Schüssel auf die geöffnete Tür und bete nach oben, dass der Teig hochgeht. Tut er! Es lebe die Verbindung nach oben! Dann den Backofen auf 160 °C (Umluft) aufheizen und das Brot backen, bis sich eine schöne dicke Kruste bildet! Dürfte um die 50 Minuten in Anspruch nehmen. Und dann und dann und dann, lauwarm aufschneiden und nur mit Butter genießen. Sie können es klar als Abendbrot-Grundlage reichen oder als beliebige Beilage zu Gemüse und/oder Fleisch (aber heute sind wir – wie erwähnt – vegetarisch). Kommt aus Zypern und schmeckt toll … und da wir uns heute besonders scharfsinnig vorkommen, servieren wir dazu noch:

Scharfe Kartoffeln

Passen im Übrigen zu allem Gegrillten – sei es Fleisch oder Fisch oder Gemüse (aber heute bleiben wir fleischlos!); noch dazu sind sie farbenprächtig und schmecken sehr originell!

1 kg Kartoffeln, geschält und in 1 cm dicke Scheiben geschnitten
5 EL Olivenöl
3 Knoblauchzehen, in dünne Scheiben geschnitten
2 EL Tomatenmark
Je 1 TL Harissa und handgemahlener Kreuzkümmel (mein Liebling), Salz
4 EL Petersilie (oder Minze oder Koriander, nach Belieben), gehackt

In einer großen Pfanne das Öl erwärmen und Knoblauch, Tomatenmark, Harissa, Kreuzkümmel und Salz hinzufügen, gründlich verrühren, etwa 1/2 l Wasser und Kartoffeln addieren und aufkochen lassen, salzen. Dann die Hitze reduzieren und etwa 15 Minuten sanft köcheln lassen. Kräuter hinzufügen und noch 5 Minuten ziehen lassen.

Schuldig und Kürbis

Gott sei Dank, jetzt weiß ich es! Es ist mir ausführlichst am Wochenende dargelegt worden, ich bin an allem schuld! Meine Mutter übrigens auch! Somit brauche ich mir kein Kopfzerbrechen mehr zu bereiten, nach dem Motto: was könnten wir tun? Wie retten wir unsere Beziehung? Soll ich einen Psychologen aufsuchen? Soll ich mit ihm schön essen gehen und versuchen, ein paar Punkte zu klären? Nein, kann ich mir alles sparen. Was ich mit seiner Aussage anfangen soll, kann ich noch nicht genau sagen. Erst mal habe ich viel geweint, mich sehr klein gefühlt, irre einsam und verloren. Aber ich bin ein Stehaufweibchen (nein, ich bin eigentlich absolut kein Weibchen, sondern eine Frau), also ich bin eine Stehauffrau, und ich werde mir gründlich überlegen, wie es mit meinem Leben weiter ausschauen soll. Aber ich werde vorab ein paar schöne Sachen in meiner Umgebung umgestalten, und zwar die Toilette; ein bisschen wie eine Caravanserail oder ein kleines Bordell mit indischen Perlen und Seide, und überhaupt: viele Perlen. Er wird zwar einen Schreikrampf bekommen, wenn er dann diesen Raum betritt, aber was soll's? Die Aussage, dass ich an allem schuld bin, kann ich wirklich zu meinen Gunsten ausnutzen und allen Fantasien nachgehen. So wird er seine Bestätigung erhalten, und ich habe meinen Spaß. Ich finde, ich habe den Spieß sehr schön umgedreht, bin ganz stolz auf mich und zur Feier dieses Tages ziehe ich besonders schöne parma-farbene (mauve, wie das Veilchen aus Parma) Netz-Strumpfhosen an, die zu meinem Plastikminirock besonders gut passen. Plus rosa Handschuhe ohne Finger wie unsere Großmütter damals, und so werde ich in den Tag stolzieren, werde wunderbare Speisen kochen und mich auch mit Ihnen beschäftigen. Und beim nächsten Vorwurfsschwall werde ich ihn anstrahlen mit meinem schönsten Lächeln und im nächsten Augenblick zu OBI fahren und Farbe besorgen, und wenn er dann nach Hause kommt, sind alle unsere Türen knallrot bemalt! Das wird ein Spaß! Und so wird aus Negativem Positives erzeugt, und vielleicht wird er doch eines Tages sagen können, dass sein Leben mit mir, wenn auch mühsam, voller Überraschungen war! Und es ist Kürbiszeit! Ich kaufe heute Hokaido-Kürbis und bereite:

Indisches Kürbis-Curry

Der sehr unangenehme Part dieses Rezeptes ist das Zerkleinern dieser blöden Kürbisse. Die gute Nachricht ist, dass diese spezielle Sorte von Kürbis nicht geschält werden muss! Aufatmen, ein sehr großes, sehr scharfes Messer nehmen und – so gut Sie es können – je nach Größe ein oder zwei Kürbisse in Würfel schneiden. Nachdem Sie mich dann verflucht haben, weil ich Sie da hineingezogen habe, nehmen Sie:

2 EL Ghee (geklärte indische Butter, siehe Glossar, unentbehrlich)
1 TL gemahlener Kümmel
1/2 TL Kurkuma (siehe Glossar)
je 1 rote und grüne Chilischote
125 ml Sahne und Milch gemischt
ein paar frische Curryblätter (siehe Glossar),
zur Not getrocknete Curryblätter, ersatzweise 1 Lorbeerblatt
1 EL Crème fraîche oder Crème double
Salz, Zucker
Muskatnuss, frisch gerieben

Ghee in einer großen Pfanne zerlassen und sich da schon darüber freuen, dass es so ausländisch riecht in Ihrer Küche! Kümmel mit Kurkuma kurz anbraten, dann die Kürbiswürfel dazugeben und unter häufigem Wenden ein paar Minuten dünsten.

Die Chilis aufschlitzen, entkernen und die Schoten klein schneiden (bitte, bitte, es ist kein Witz jetzt: nicht auf die Toilette gehen, wenn Sie gerade die Chilis geschnitten haben oder wenn, dann machen Sie sich die Hände sehr gründlich sauber … jeglichen Kontakt zu Schleimhäuten und Augen vermeiden! Ich kann Ihnen Geschichten erzählen, wo keine Beruhigung zu finden war! Und es passierte auch einem Freund von uns, der verzweifelt alles versucht hat, um dieses Brennen um sein bestes Teil zu lindern! Nur der Schoß seiner Frau war die Lösung! Aber wir? Und wer ist schon da, wenn wir kochen?)

Also, die Chilis mit der Sahne-Milch-Mischung und den Curryblättern zu den Kürbisstücken geben. Zugedeckt sanft köcheln lassen, bis die Kürbiswürfel weich sind. Crème fraîche oder double hinzufügen, salzen und zuckern, ein bisschen Muskatnuss darüberreiben und fertig ist es! Dazu reichen Sie einen indischen Kräutertee (kein Vergleich zu unseren üblen einheimischen Kräutertees, die einen noch kranker machen!) und wenn Sie Zeit haben, ein indisches Brot!

Die bleiche Venus ... mit Schokolade

Was uns an diesem Abend alle erstarren ließ, war der plötzliche Verlust ihrer Schönheit. Erloschen, ausradiert, für alle Ewigkeit! Waren es zwei oder drei Sekunden, die wir dasaßen, mit offenem Mund und ganz still – oder bilde ich mir das ein? Sehr bald wurden Begrüßungen, Küsschen hier, Küsschen da, wie geht es dir, und so weiter ausgetauscht, und ich bediente mich der allgemeinen heiteren Stimmung, um sie heimlich ganz genau zu beobachten. Was war passiert? Sie hat nach wie vor diesen langen, grazilen Körper, den sie in edlen Stoffen geschickt betont, die Züge können sich unmöglich verändert haben; also was ist es dann?

Wir alle werden älter, aber selbstverständlich werden wir immer schöner, reifer, ausgelassener. Wenn unsere Konturen nicht mehr so straff sind, dann gewinnen sie an Weichheit und Würde; vielleicht sind die Falten um unsere Augen und unseren Mund nur das Zeichen eines gelebten Lebens, mit allen Aufs und Abs. Aber diese Veränderung bei ihr hat eine besondere Qualität, die mich, unangenehm berührt, aufhorchen lässt, und ich verstehe im Verlauf des Abends, dass dieses Verschwinden einer allgemein anerkannten Schönheit seelische Gründe hat. Es ist der Tod der letzten Illusion, das Entdecken der mangelnden Liebe, das Aufrechterhaltenwollen von diesem früher perfekten Bild, das dazu geführt hat, dass die Züge nicht mehr regelmäßig, sondern kantig sind; die hohen Wangenknochen, die die Wangen hohl erscheinen lassen, die braunen Augen, die durchsichtig aussehen; der Versuch, den Mund raffiniert mit Gloss glänzen zu lassen, misslingt, da beide Mundwinkel nun nach unten zeigen, nicht mehr nach oben. Ihr Körper ist nicht mehr filigran, sondern dürr, das Haar ist nicht mehr dicht und geschmeidig, sondern glanzlos.

Trotz dieser makellosen Perfektion, die sie kennzeichnet – kennzeichnete, sowohl in ihrem Aussehen als auch zu Hause oder im Beruf oder im intellektuellen Sinne, hatte sich ihr Mann für eine gewisse Zeit in eine andere Frau verliebt. Die ganzen Superlative, mit welchen sie beschrieben wurde, konnten sie davor nicht bewahren. Ich empfinde es als pathetisch, endlos traurig.

Er hat nie gut ausgesehen, er hat sich nicht verändert!

Venus au chocolat

Französischer Marmorkuchen

220 g Zucker
3 Eier, getrennt
125 g Butter – sehr weich
1 kleine Tasse Milch
1 Päckchen Backpulver, mit 175 g Mehl vermischt und gesiebt
100 g Bitterschokolade, zerlassen
1 EL Rum oder Grand Marnier

Backofen auf 180 °C vorheizen (ohne Vorheizen: Umluft 160 °C). Den Zucker mit dem Eigelb verrühren, bis die Masse weißlich wird. Die weiche Butter, die Milch und das mit Backpulver vermischte Mehl hinzufügen. Das Eiweiß steif schlagen, dann vorsichtig unterheben. In einer anderen Schüssel die Schokolade mit Alkohol vermischen. Die Hälfte des Teiges hinzufügen. Eine Backform gut einfetten, eine weiße Teigschicht einfließen lassen, dann eine Schokoladenschicht, so fortfahren, bis der Teig aufgebraucht ist. Die Form im Ofen 15 Minuten backen, danach die Hitze auf 140 °C (Umluft 160 °C) reduzieren, weitere 20 Minuten backen. Abkühlen lassen.

Malerei und Waffelei

Ich hoffe sehr, Sie haben kein Schönheitsideal, vor allem nicht manche Top-Modells, flachbrüstig und blass, dunkle Augenringe wie bei einer Süchtigen und mit O-Beinen, Hühnerschenkeln und spitzen Schultern! Ich bin nach wie vor sehr romantisch, oder besser gesagt, klassisch veranlagt, was Frauen anbelangt. Die Geburt der Venus von Botticelli empfinde ich als wunderschön; mit ihren lockigen Haaren, die so lang sind, dass sie ihre Scham (ein deutsches Wort, welches ein schlechtes Gewissen, weiß der Geier warum, einflößen soll. Wahrscheinlich von der Kirche eingeführt, dieses Wort und dieses Gefühl!) bedecken können. Dann fällt mir ein, dass meine Urgroßmutter Haare bis zum Boden hatte und jeden Tag eine Stunde brauchte, um diese durchzubürsten und hochzustecken! Was für ein Gewicht auf dem Kopf! Ich habe noch Haare von ihr als Blumen verarbeitet in einem hübschen kleinen Rahmen.

Oder Marilyn Monroe finde ich enorm weiblich, sinnlich, mit einer Figur, bei welcher sich die Herren die Hände nicht verletzen konnten, so schön und vollkommen waren ihre Konturen. Und mit einem tollen Busen! Und hiermit komme ich auch wieder zum Vergleichen! Nein, niemand in meiner Familie sieht wie die Marilyn aus! – Aber alle meine weiblichen Vorfahren hatten wirklich Brüste! Mindestens Körbchen C. Und ich habe mich gerade von A auf B hochgearbeitet! Wenn das nicht unfair ist?

Wo bleiben die Gene?

Wie kommt denn das zustande?

Vielleicht bin ich einfach nicht die Tochter meiner Mutter und die Enkelin meiner Großmütter, und ich verstehe es nicht. Aber akzeptieren ist das Leitmotiv des Tages. So verzweifelt darüber bin ich auch nicht, ich finde trotzdem wunderschöne Unterwäsche für meine zwei Kleinen! Und wer will schon als Sexobjekt betrachtet werden? Obwohl, manchmal hätte ich nichts dagegen! Ja, ich weiß schon, mit 48, werden Sie denken, die spinnt! Na gut, dann spinne ich halt! Aber wäre es nicht schön, wunderbar erotisch und anziehend zu wirken? Einmal bin ich mit einem Gemälde in Verbindung gebracht worden. Ja, stellen Sie sich vor! Als ich aus Kanada zurückkam und mein Vater mich in Genf vom Flieger abholte, musterte er mich von Kopf bis Fuß und sagte: »Du könntest für Rubens Modell stehen.« Damals wusste ich schon, dass dies kein Kompliment war!

Als ich dann in München wohnte, ging ich in die Alte Pinakothek und betrachtete die riesenhaften Walküren im Himmel mit schwangeren Bäuchen und Zellulitis-geplagten Oberschenkeln! Toll! Danke, Papa! Na gut, nach zwölf Monaten Kanada und 17 kg Gewichtszunahme, was konnte ich da groß erwarten? Meine Mutter setzte mich unter strenge Diät und das Folgende passte nicht dazu!

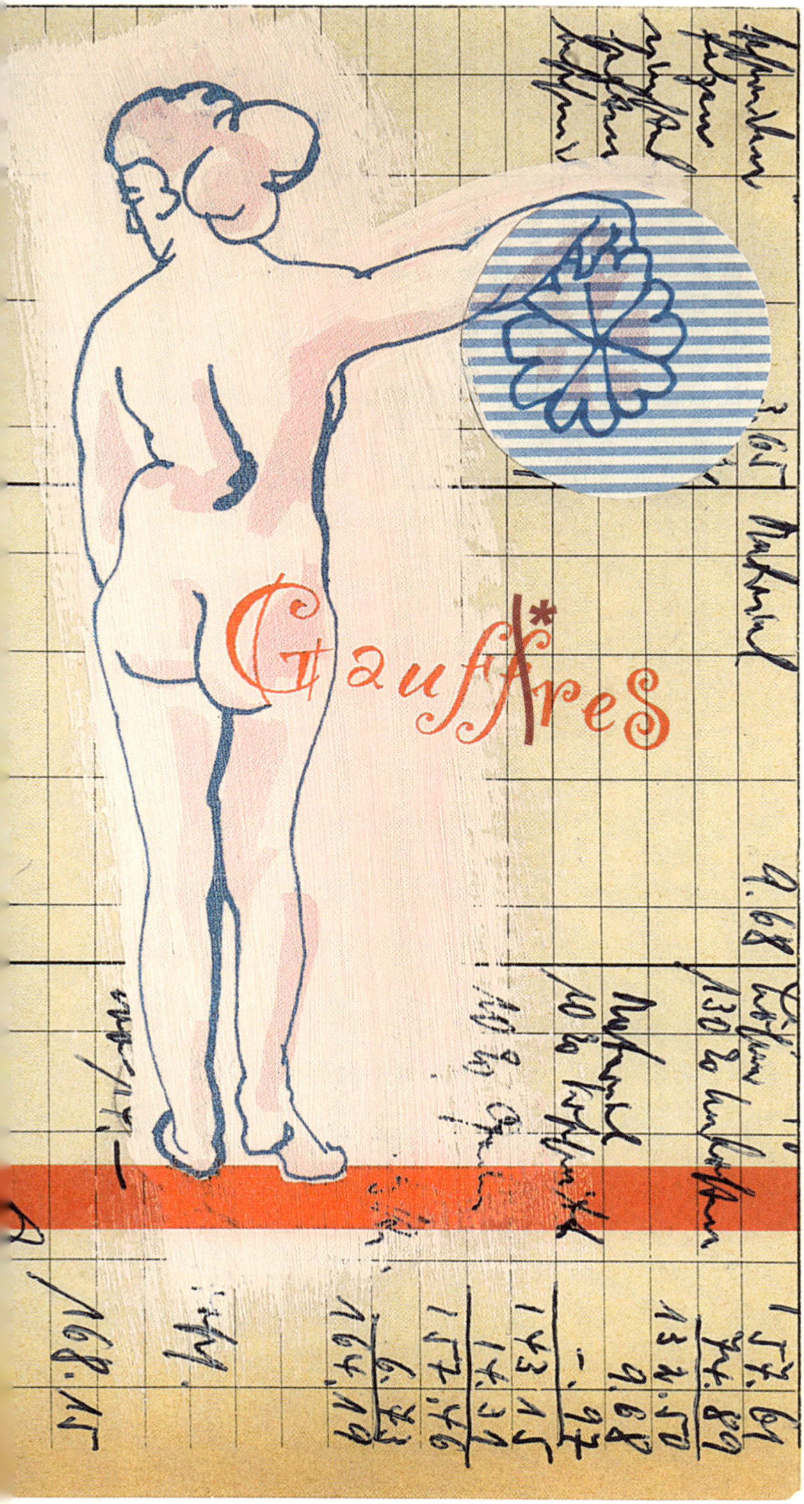

***Verstehen Sie, was ich mit dem Streichen meine?**

Gaufres

Waffeln

Kennen Sie Paul Bocuse? Nein, nicht persönlich, namentlich! Er hatte auch eine Großmutter, der Gute, und sie kochte auch gut, und sie liebte Waffeln und entwickelte dieses Rezept! (Das können Sie sich gleich um die Hüften streichen und vielleicht sollte ich versuchen, es auf meine Brust zu bringen! Vielleicht erreiche ich dann doch den C-Cup!)

Für 10 Personen:

500 g Mehl
1 Prise Salz
1 Prise Backpulver
1 EL Zucker
1/4 l Milch
3/4 l Sahne
8 Eigelb
1/5 l Rum
300 g zerlassene Butter
4 Eiweiß

Mehl, Salz, Backpulver und Zucker in einer Schüssel vermischen. Nach und nach Milch, Sahne, Eigelb und Rum zufügen und alles gründlich vermischen. Schließlich die zerlassene Butter einrühren, und das zu sehr steifem Schnee geschlagene Eiweiß unterheben. Waffeleisen gut vorheizen und herrlich goldene Waffeln backen. Mit Puderzucker oder Maronenpüree oder selbst gemachten Konfitüren servieren.

Engel und Süßes

Glauben Sie an Engel?

Ich schon, und zwar nicht in der Form mit dem nackten Popo und den kleinen Flügeln, geschlechtslos und doch mit männlichen Gesichtszügen, nein, nicht an die, sondern an die alltäglichen, die manchmal unseren Weg kreuzen.

Und so einen gibt es für mich in Schwabing, in der Person einer Buchhändlerin in einer belebten Straße. Da ich nicht weiß, ob es ihr recht wäre, dass ich sie namentlich erwähne, bleibe ich erst mal vage. Aber sie hat die Gabe, mich für Bücher so zu begeistern, dass ich ihren Laden nicht selten mit fünf oder mehr Büchern verlasse! Sie ist auch Patientin bei meinem Mann, und er sagte ihr vor ein paar Jahren: »Meinen Umsatz lässt meine Frau bei Ihnen!« Wenn ich sie um Rat wegen eines Buchs bitte, dann macht sie ganz große Gesten mit den Armen, bewegt ihre Hände, verdreht die Augen, benutzt eine ganz spezielle Sprache und ist ganz bei dem Buch, das sie gerade beschreibt.

Und sie ist weiblich mit ihren langen Gewändern und Schals und lacht viel, und sie ist klasse. Ich schicke viele Leute zu ihr, es ist schwer, sich in der Buchhandlungsbranche durchzusetzen, aber sie kann das.

Und sie ist ein Engel, weil sie sehr persönlich werden kann, ohne einem zu nah zu treten, und sie ist so begeisterungsfähig, dass es mein Herz immer wieder erwärmt. Und in dieser speziellen Straße gibt es viele Boutiquen für junge Leute, für Mädchen, die ihren Nabel noch zeigen können, sie ist umgeben von Cafés und Schuhen (die schuhreichste Straße Münchens, können Sie erraten, von welcher Straße ich gerade spreche?) und ihr Laden ist eine Oase für fröhliche Ruhe, und, wenn ich viel Lust auf ein Buch habe, aber sehr knapp bei Kasse bin – was nicht selten geschieht –, dann leiht sie mir ihr Buchhändlerexemplar, damit ich es trotzdem lesen kann. Ist das nicht irre nett und ein Geschenk des Himmels? Haben Sie in Ihrer Umgebung auch so jemanden? Bestimmt! Und sie kann auch über niveaulose Sachen lachen und rutscht auch unter die Gürtellinie! Eine Seltenheit heutzutage. Sex ist zwar überall gegenwärtig, aber es ist selten lustig. Es ist nur billig und pseudo-erotisch. Und diese Vereinfachung des Sexes empfinde ich als sehr schade. Wie ich diese Verbindung zwischen Buchhändlerin und Sex zustande gebracht habe, ist mir nicht ganz klar, ich weiß nur, dass wenn sie gesagt hat, ein Buch wäre erotisch, dann war es das auch, und wenn ein berühmter Kritiker von dem Buch »Eine gefährliche Geliebte« sagt, es sei die erotischste Szene darin, die er jemals gelesen habe, dann stelle ich mir viele Fragen über seine sexuellen Erfahrungen – der Gute oder der Arme? Wenn er »Die Briefe der Liebe« oder »Seide« gelesen hätte, dann wüsste er wenigstens, wovon er redet! Und ich weiß, wovon ich rede, wenn ich Ihnen nach dieser schweren Kost folgendes Leichte empfehle:

Gâteau de Savoie

Kuchen aus Savoyen

125 g Zucker
100 g Mehl
50 g Butter
4 Eier, getrennt
1 EL Orangenblütenwasser (siehe Glossar)

Zucker, Orangenblütenwasser und Eigelb vermengen und bearbeiten, bis die Masse weißlich und schaumig wird. Den Ofen auf 160 °C (Umluft) vorheizen. Eiweiß sehr steif schlagen und zusammen mit dem Mehl unterheben. Zum Schluss die geschmolzene Butter hinzufügen. Im vorgeheizten Ofen etwa 20 Minuten backen. Auch da, die obligatorische Stäbchenprobe machen.

Dieser *gâteau* ist die ideale Begleitung zu verschiedenen Nachtischen (Obstsalat, Soufflé, Halbgefrorenes) und trotz seiner Einfachheit irrsinnig gut.

Abschied von der Kindheit und Baba

Zwischen zwei Krokodilledertaschen lag er versteckt, und ich hatte ihn lange nicht mehr angeschaut, geschweige denn angefasst; aber dieses Mal war es anders. Ich ließ alles liegen und nahm ihn in den Arm, streichelte sein schütteres und staubiges Fell und vergrub mein Gesicht in seinen Hals. Ich bildete mir ein, es sei der gleiche Geruch wie damals, vor fast 50 Jahren. Seitdem sind ein paar Wochen vergangen, und mein Teddybär liegt auf meinem Bett, wird immer wieder von mir beobachtet, berührt. Seitdem bin ich innerlich sehr unruhig, nervös, von negativem Adrenalin durchströmt. Ich spüre, dass ich mich auf einen endgültigen Abschied vorbereiten muss, das sagen mir mein Bauch, mein Herz, meine Intuition. Es gehört zum Leben, sich von den Eltern zu verabschieden, doch wenn der Augenblick naht, sind alle Vorbereitungen nichtig. Mittlerweile sind beide Eltern im Krankenhaus, und die Organisation des dortigen Tagesablaufes nimmt einen großen Teil meiner Zeit in Anspruch. Die innere Unruhe wächst von Tag zu Tag, viele Fragen rasen durch meinen Kopf, keine Antworten! Die misslungene Beziehung zu meinem Vater lässt sich wahrscheinlich nicht mehr ändern, die Angst vor seinen Wutausbrüchen sitzt noch zu tief; aber doch würde ich ihn zu gerne fragen, ob es einen Weg gibt, mehr über meine Halbschwester zu erfahren? Er ahnt wahrscheinlich nicht mal, dass ich von ihrer Existenz weiß, die Frucht einer Lust (oder war es Liebe?), die parallel oder kurz vor der Beziehung zu meiner Mutter stattfand; es wurde mir sogar berichtet, dass sie mir sehr ähnlich sieht! (Ich kann mir nicht vorstellen, dass zwei Frauen dieses Pech haben könnten ...). Kommt Zeit, kommt Rat.

Mein Teddybär kommt nicht mehr zwischen die Krokodilledertaschen, er bleibt nah an meinem Herzen.

Baba au Rhum

Rumkuchen

2 Eier
90 g Zucker
40 g geschmolzene Butter
4 EL Milch
1 Päckchen Backpulver
125 g Mehl

1/2 Glas Wasser
1/2 Glas Rum
170 g Zucker

Die Eier mit dem Zucker verrühren, bis sich der Zucker aufgelöst hat. Nach und nach die Butter hinzufügen, dann die Milch einrühren. Das Backpulver mit dem Mehl vermischen und unter die Masse ziehen. Den Ofen auf 160 °C (Umluft) vorheizen.

Eine Kranzform gut einfetten und den Teig einfüllen. Im vorgeheizten Ofen etwa 20 Minuten backen.

In der Zwischenzeit den Sirup zubereiten: Wasser, Rum und Zucker in einem kleinen Topf mischen, erhitzen und bei niedriger Hitze den Zucker schmelzen lassen. Auf der ausgeschalteten Herdplatte warm halten. Den Kuchen aus dem Ofen holen und nicht aus der Form nehmen! Ein paar Mal mit einem langen Holzspieß einstechen, damit der Sirup besser in den Teig eindringen kann.

Mit der Hälfte des Sirups begießen und kalt werden lassen. Erst dann aus der Form nehmen und mit dem restlichen Sirup begießen.

Baba wird in Frankreich in allen Konditoreien angeboten; entweder als kleiner Kranz mit Schlagsahne in der Mitte oder mit einer kandierten Kirsche gekrönt!

Dieser Kuchen macht leicht betrunken, genau was ich brauche, nach meinem Abschied!

Die Brille und die Morilles

Es ist enorm, wie angewiesen ich auf meine Brille bin. Alle wichtigen Handlungen meines Lebens sind jetzt von diesem Ding abhängig: gucken, ob ein weißes Haar unbemerkt gewachsen ist, und sich mit der Pinzette bewaffnen; oder das Rezept für das Kokosnuss-Chutney wieder lesen; oder die Tan-Nummer für die Banküberweisung korrekt eintippen (nur um zu hören bzw. zu lesen, »Ihr Saldo erlaubt derzeit nicht«, blabla.); oder das Nadelloch finden, um diesen seit Monaten herumliegenden Knopf wieder anzunähen; oder das schöne Menuett von Magdalena Bach am Klavier zu misshandeln. Es deprimiert mich maßlos, es kann doch nicht sein. Ich bin doch die junge Nathalie, die heute voller Energie und Lust auf Leben ist, die die Welt entdecken will und immer mehr Lust auf Indien bekommt, nur weil sie im Moment viel indisch kocht, die gerade einen Flug nach England gebucht hat, um einen Freund zu retten ... Ganz schön eingebildet, ich weiß, aber wenn ein reizender Mann mit einer todkranken Frau mir beim Chatten erzählt, er spiele mit Selbstmordgedanken, dann muss ich schauen, ob ich ihn vorher erwische. Obwohl schon der Ausdruck: »Spielt mit dem Gedanken« die Gefahr als solche ausschließt!

Das Wochenende war auch sehr schwer mit mir, und, sei es wegen der Brille oder der eventuell aufkommenden Wechseljahre, ich hatte auch die Nase voll, Gott sei Dank bin ich sehr ausgeglichen ... vorgestern Tod, heute Leben und Reisen und Essen und ... und die Farbpatrone meines Druckers ist alle, und schon wieder greife ich nach der Brille, um zu schauen, in welcher Richtung ich die neue einsetzen muss! Es ist zum irr werden! Aber warum beschwere ich mich eigentlich? Meine Brille ist ganz hübsch und versteckt meine mir verhasste Nase, sie gibt mir vielleicht sogar ein gewisses intellektuelles Flair – ein willkommener Kontrast zu meinen kurzen Röcken und durchgeknallten Strumpfhosen! Vielleicht werde ich sogar ernst genommen! Erster Schnee in München, eine gewisse Wehmut überfällt mich gerade (Dr. Bachs Rescue-Tropfen sind griffbereit!), ein Berg von Papieren wartet darauf, abgelegt zu werden, also ran an die Brille und an die Arbeit und jetzt, da ich mich mit Ihnen ganz wirr und so, wie ich mich fühle, unterhalten habe, bereite ich eine:

Quiche aux morilles

Morchel-Quiche

... denn luxuriös geht die Welt zugrunde ...!

Folgenden Teig am Vortag zubereiten:

300 g Mehl
125 g frische Butter
1 Ei
1 TL Salz
500 g getrocknete Bohnen

Das Mehl auf ein Brett schütten und die anderen Zutaten in die Mitte geben. Jede Zutat mit Ihren zarten, warmen Fingern einarbeiten, bis der Teig hergestellt ist. Diesen in ein feuchtes, sauberes (versteht sich eh) Tuch einwickeln, und ganz unten im Kühlschrank für mindestens 6 Stunden ruhen lassen. Wieder rausholen und nach 30 Minuten können Sie damit weiterarbeiten: Den Teig auswellen (2 mm hoch) und in die gebutterte Quiche-Form legen. Für mindestens eine Stunde im Tiefkühlfach lagern. Heizen Sie den Ofen auf 220 °C vor, legen Sie Backpapier auf den Teigboden und verteilen Sie die Bohnen darauf, knapp 10 Minuten backen. Der Teig darf sich nicht verfärben! Also verlassen Sie die Küche nur im Notfall! Holen Sie die Form aus dem Ofen, entfernen Sie Bohnen und Backpapier (Bohnen können noch mal benutzt werden, aber nur zu diesem Zweck!) und nun zur Füllung:

Füllung

30 g getrocknete Morcheln oder 400 g frische
(finanziell ein deutlicher Unterschied!)
25 g frische Butter
2 Schalotten, sehr fein geschnitten
35 cl Crème fraîche (oder halb mit Sahne gemischt)
2 EL geschnittener Schnittlauch
2 Eier
2 Eigelb
Muskatnuss, frisch gemahlen
Salz, Pfeffer

Wenn Sie getrocknete Morcheln benutzen, bitte eine Stunde in warmem Wasser einweichen. Dann abgießen und das restliche Wasser abtupfen. Morcheln sind sehr zart und empfindlich, gehen Sie sehr sanft damit um, als ob Sie es selbst wären!

Bei frischen Morcheln den Staub abpusten und nicht ins Wasser legen (obwohl die Profis sich über diesen Punkt nicht einig sind!). Erdigen Fuß abschneiden. In einer Pfanne die Butter schmelzen und die Schalotten darin leicht bräunen lassen.

Die Morcheln hinzufügen und rühren, bis keine Flüssigkeit mehr vorhanden ist. Dann 8 EL der Crème fraîche hinzufügen, salzen, pfeffern und 4–5 Minuten kochen lassen. Zur Seite stellen. In einer Schüssel Eier und Eigelb und die restliche Crème fraîche verrühren, salzen, pfeffern, »muskatnüssern« und Schnittlauch zufügen. Backofen auf 160 °C (Umluft) vorheizen. Morcheln auf den Teig legen, die Eier- und Crème-fraîche-Mischung drübergießen und das Ganze in 30 Minuten goldgelb backen.

Umständlich, teuer, aber gut. Vorteil: Sie sind zwei Tage beschäftigt und kommen nicht auf dumme Gedanken. Ich habe es mal einfacher gemacht und einen normalen Teig ohne Vorbacken gemacht (200 g Mehl, 100 g Butter und ein bisschen kaltes Wasser plus Salz). Ging auch gut! Nur so als kleiner Tipp!

Sex, Oper und Maronenpilze

Gestern war ein merkwürdiger Tag, voller sonderbarer Ereignisse, voller Farben und Eindrücke. Es fing mit Konfessionen über ein neu entdecktes Sexleben mit jungen Männern an, ging weiter mit einem Besuch in der Oper mit unserem Kleinsten und endete mit weiteren Analysen des Sexlebens von uns Frauen in unserem Alter! Das mit den jüngeren Männern ist bestimmt eine schöne Sache, weil diese uns so akzeptieren wie wir sind, wir können uns ganz gehen lassen, ganz im Vertrauen, sie bewundern unsere Erfahrung und sind stolz, uns zum Glühen zu bringen. So ist es mir berichtet worden, ich war ganz Ohr. Vor dem Besuch der Generalprobe von Mozarts »Zauberflöte« war ich sehr nervös. Ich kenne unseren Kleinen sehr gut, weiß wozu er in der Lage ist und hatte große Angst vor einem Skandal mitten in der Aufführung, nach dem Motto: »Die blöde Singerei, es ist mir langweilig, will sofort nach Hause«. Aber, obwohl es nicht ohne Schwierigkeiten ablief, blieb der Skandal aus. Dafür entdeckte ich ein wunderbares Kostüm. Die drei Damen der Königin der Nacht im ersten Akt trugen Römerhelme mit Federn geschmückt, lange, changierende Kleider mit geraden knappen Dekolletés, langen Ärmeln, schmalen Bustiers, und zwei Clous: Der lange Rock wurde links hoch gerafft und ließ auf über die Knie gehende, weiche, glänzende Lederstiefel blicken! Die Ärmel waren mit kleinen, goldenen Münzen bestickt, die wie ein Klangspiel läuteten. Ich will auch so was haben und werde mich beim Atelier der Oper erkundigen! Der Römerhelm ist nicht sehr praktisch und ich verzichte! Aber der Rest! Ein Gedicht! Nach diesem Opernbesuch kam eine sehr gute Freundin zu mir und bei einer Tasse Tee vertraute sie mir ihre jetzige Unlust auf Sex an. Vielleicht liegt es am Vollmond, dass mir so viel Intimes anvertraut wird oder an der Länge meiner Nase! Und fest steht, dass Frauen in unserem Alter ein bisschen mürbe sind und es uns die Männer zum Vorwurf machen, dass wir des Öfteren das Gefühl haben, wir müssten wieder mal, um Frieden im Karton zu bekommen! Doch wie oft haben wir für seinen Stress in der Arbeit, seine mühsame Abnabelung von seiner Mutter, seine zunehmende Erschöpfung Verständnis gezeigt? Wie geduldig haben wir da zugehört? Und jetzt müssen wir uns alleine durch Hitzewallungen, Depressionen, die wir erfolglos mit Johanniskraut bekämpfen, unregelmäßigen und schmerzhaften Perioden – wie bei jungen Mädchen – durchboxen und bekommen noch zu hören, wir seien frigide geworden! Na, Mädels, dann ran an die jungen Männer, denn wenn alles stimmt, was ich gehört habe, dann können wir bisher unbekannte Höhepunkte erreichen!

Nudelsauce mit Maronenpilzen

Zwei Stunden Waldmarsch, um 200 g Maronenpilze zu suchen. Weitere zwei Stunden, um diese zu reinigen, abtropfen zu lassen, in dünne Scheiben zu schneiden, auf Küchenpapier auszubreiten und trocknen zu lassen. (Ich gehe davon aus, dass der Freund so viel tun musste, um mir diese getrockneten Pilze zu schenken.)

Etwa 40 g getrocknete Maronenpilze (ersatzweise Steinpilze)
2 EL Pflanzenöl
1 Schalotte
1 große Knoblauchzehe, zerdrückt
1 EL Tomatenmark
1 kleine rote Chilischote, entkernt und fein gehackt
2 Scheiben gekochter Schinken, fein gewürfelt
1 Becher Sahne
1 Handvoll frische Basilikumblätter, klein geschnitten
Salz, Pfeffer

Die getrockneten Pilze in kochendem Wasser aufquellen lassen (20 Minuten) und abtropfen lassen. Pflanzenöl in der Pfanne erhitzen, die fein gewürfelte Schalotte und den zerdrückten Knoblauch anbraten, das Tomatenmark und die fein gehackte Chilischote hinzufügen und rühren. Schinken dazugeben und kurz umrühren. Pilze in die Pfanne tun, mit Sahne aufgießen, mit Salz und Pfeffer abschmecken. Das Ganze etwa 15 Minuten auf kleiner Flamme schmoren lassen. In der Zwischenzeit die Nudeln zubereiten, kurz vor Ende der Garzeit etwas Nudelkochwasser zu den Pilzen geben, mit den Basilikumblättern würzen und Nudeln und Sauce sofort servieren. Je nach Geschmack geriebenen Parmesan dazureichen.

Alte Liebe rostet nicht und Salat

Im Mai 1973 wurde ich 17, im Juni 1973 war ich Abiturientin, im gleichen Sommer wurde ich auf ein Traumfest in einem alten Schloss eingeladen. Alles war sehr offiziell, es wurde um Rückantwort gebeten, langes Kleid war ebenso ein Muss wie das Mitbringen eines Kavaliers oder Begleiters … Ich, voller Komplexe, mit wenig Erfahrung in Sachen Festlichkeiten, braun gebrannt, rothaarig, großnasig, eingehüllt in ein türkisfarbenes Kleid mit nackten Schultern und Rücken, begleitet von einem sehr guten alten Freund von mir, der mir die Hand hielt, damit sie aufhört zu zittern. Am Eingang wurde unsere Einladung kontrolliert, dann ging es abwärts auf einer alten Steintreppe, die zum Tanzsaal führte, wo alle unten bereits Versammelten die Neuankömmlinge begutachteten. Auch da musste er meine Hand fest umklammern, damit ich nicht runterpolterte! Dann, Rettung: Ein heißer Rock'n' Roll, die Spezialität meines Begleiters, und bald war ich mittendrin. Später in der Nacht traute ich mich, alleine durch die Menge zu streifen und die Leute anzuschauen.

Da machte ich ganz unerwartet die Eroberung eines jungen Mannes, der der Liebling aller Schickimicki-Mädels war. Ich, Nathalie von Dingsbums – denn so heißt mein Nachname, wenn ich ihn übersetze –, errege seine Aufmerksamkeit, und wir kommen ins Gespräch, und wir gehen miteinander aus, um den damaligen französischen Ausdruck zu benutzen; was nur bedeutet, dass er mir seine Zunge in den Mund schob.

So begann eine sehr kurze, unbequeme Beziehung, die ich sehr bald beendete. Er war mir zu alt (5 Jahre älter), seine Freunde waren für mich nur Snobs, ich habe mich einfach mit ihm nicht wohlgefühlt und er wollte auch mehr, als nur meinen Mund berühren, und ich hatte keine Lust darauf. Ich wollte meine Unschuld für eine große Verliebtheit behalten! Jetzt katapultieren wir uns in die Gegenwart zu diesem Wochenende in Frankreich, wo ich wieder mal meine Eltern besuche und mit meiner Mutter ins Kino gehe.

Und wer ist da, mit seiner Frau? Er! Kommt auf mich zu, umarmt mich, seine Frau ergreift die Flucht trotz meines Versuchs, mich vorzustellen, und am nächsten Tag läutet das Telefon, ob wir uns kurz auf einen Drink treffen können. So saß ich in meinem Kuhkaff, im Dorfcafé mit meinem alten Flirt und er fragt mich sehr kurz danach: »Übrigens, wie geht eigentlich dein Rock auf?«; und schlägt mir ganz simpel eine Affäre vor! Das nach 31 Jahren! Was sagen Sie dazu? Ich sage: *À table* und zwar für etwas Leichtes, da wir mit 48 genauso attraktiv wie mit 17 sind!

Ma salade!

Das Schöne an dieser Sauce ist, dass sie zu allen Salaten schmeckt:

Salz und schwarzer Pfeffer, frisch gemahlen
1 TL Mayonnaise
1 TL Senf (siehe Bemerkung beim Essig bezüglich der Marke. Gilt für den Senf auch!)
1 hart gekochtes Eigelb
1 Schalotte, sehr fein geschnitten
1 Knoblauchzehe, sehr fein geschnitten
1 EL Himbeeressig (für Essig immer nur die Marke Maille verwenden,
ich will nicht nationalistisch klingen, aber es ist halt unser Können, gell?)
1 EL Walnussöl (auch da bevorzugt aus Frankreich,
wenn möglich sogar aus meiner Gegend, die Hauptstadt der Noix!
Oder: 1–2 EL Pflanzenöl, entweder Olivenöl oder Pflanzenöl
und Erdnussöl mischen)
1 TL Schnittlauch, sehr fein geschnitten
1 TL Dill, sehr fein geschnitten
1 TL Petersilie oder Estragon oder Oregano, sehr fein geschnitten
einige Pinienkerne, kurz in Olivenöl gebräunt und auf Küchenpapier entfettet

In einer kleinen Schüssel Salz, Pfeffer, Mayonnaise, Senf miteinander verrühren. Das Ei mit einer Gabel zerdrücken und mit der Mischung vermengen, Schalotte und Knoblauch hinzufügen und mit dem Essig beträufeln. Die entstandene Paste langsam mit dem Öl verrühren, bis die Sauce sämig-cremig ist. Kräuter hinzufügen. Im letzten Augenblick auf den Salat gießen und mit den Pinienkernen bestreuen. Also, wenn Sie denken, dass ich ein Riesentheater mache wegen einer kleinen Salatsauce, dann versuchen Sie es einfach! Es ist lecker, originell, würzig, und passt sowohl zu Rucola als auch zu Tomaten, Endivien, grünen Bohnen, Radicchio usw.!

Der Kloß und die Pogne

Ich und die Hefe! Eine Geschichte des »Keine-Ahnung-Habens« und des »Wenig-dabei-Denkens«! Als ich nach Deutschland zog, entwickelte sich meine Lust zum Kochen nur mühsam und langsam. Meine Kochversuche endeten in tausend schmutzigen Töpfen (ist immer noch so!), verbrannten Speisen (kann auch noch passieren), faden, blassen Gerichten, die zur Hälfte täglich im Müll landeten (nicht mehr der Fall!). Eine gute Freundin meines Mannes war eine vorzügliche Bäckerin und machte schwierige Speisen wie Dampfnudeln, Hefezöpfe und so weiter ...

Sie selbst – aus Angst zuzunehmen – probierte nie ihre Köstlichkeiten, aber ich schon! Und sehr bald wollte ich auch so etwas versuchen. Ich kaufte also meinen ersten Würfel Hefe und ließ ihn im Kühlschrank. Als ich endlich dazu kam, den Kuchen zuzubereiten, holte ich die schon nicht mehr ganz frische Hefe raus, öffnete das Päckchen und sah auf einen dunkelbraunen und übel riechenden Würfel, knüppelhart. Ich dachte mir nichts weiter, und damit es sich richtig lohnt, suchte ich gleich ein Rezept aus, bei dem 400 g Mehl benötigt wurden. Ich warf also den Würfel in heiße Milch! Nichts passierte, er löste sich auch nicht auf! Ich wurde etwas skeptisch, aber sagte mir dann, es wird schon schief gehen! Mischte alles mit dem Mehl und es wurde ein sehr merkwürdig duftender Riesenklumpen, klebrig und unformbar. Also, alles ins Klo geschmissen und vergessen!

Aber das gute Klowasser hat tatsächlich die Hefe zum Schmelzen gebracht ... und das gemischt mit 400 g Mehl! Dann hatten wir eine verstopfte Toilette und mussten sogar jemanden kommen lassen, denn unsere Versuche mit Saugglocke und Chemie scheiterten jämmerlich! Danach habe ich jahrelang keine Hefe mehr angerührt. Jetzt aber doch wieder, und zwar für ein Rezept meiner Gegend, mächtig, aber gut, parfümiert mit Orangenblütenwasser:

Pogne de Royans

Hefekranz

500 g Mehl
150 g Zucker
1 Prise Salz
3 cl Orangenblütenwasser (siehe Glossar, muss sein)
5 Eier
1 Eigelb (zum Bestreichen der Pogne)
200 g frische und weiche Butter
1 Hefewürfel frisch gekauft und auf keinen Fall stinkend und ausgedörrt!
1/2 l lauwarmes Wasser
3 cl Öl

100 g Mehl mit der Hefe und dem lauwarmen Wasser vermengen und ruhen lassen, für eine Stunde (an einem warmen Ort in Ihrem Haus). Dann die restlichen 400 g Mehl mit Zucker, Salz, Orangenblütenwasser und Eiern kräftig vermengen. Danach die weiche Butter *peu à peu* sowie den vorbereiteten Vorteig hinzufügen.

Den Teig bearbeiten, bis er glatt und elastisch ist! (Ich habe was mit Teigen, meinen Sie nicht auch?). Wieder zwei Stunden ruhen lassen, diesmal aber nicht an einem warmen Ort, sondern eher kühl, aber nicht so kalt wie im Kühlschrank!

Den Teig auf ein Brett stürzen, kurz mit den Fäusten durcharbeiten (ein sehr gutes Rezept, wenn Ihnen was über die Leber gelaufen ist!) und in der Mitte ein Loch bilden, damit eine Art Krone entsteht. Ein Backblech mit Backpapier belegen und mit dem Öl bestreichen. Die Pogne darauflegen. Mit einem scharfen Messer Ritzen in den Teig schneiden, mit dem Eigelb bestreichen und wieder eine Stunde in der Küche ruhen lassen.

Im auf 200 °C vorgeheizten Ofen für 10 Minuten backen. Dann weitere 40 Minuten bei mäßiger Hitze weiterbacken (die Backzeit hängt wirklich von Ihrem Ofen ab. Bei Umluft geht es entschieden schneller).

Die Krone soll eine schöne goldene Farbe annehmen. Dieser Kuchen passt sehr gut zu Halbgefrorenem, oder zu Fruchtsalaten, oder zu allen Crèmes, die Sie mögen!

Potenter Koch und Soufflé

Wir hatten in der Nähe unseres Dorfes ein sehr gutes, einfaches Restaurant, welches von zwei alten Damen geführt wurde. Wir nannten es einfach: »Bei den alten Damen«.

Ein großer Speisesaal mit dunklen Möbeln und rosafarbenen Stoffen empfing uns sonntags, und wir konnten dort eine sehr gute, bodenständige französische Küche genießen. Beide Damen waren sowohl vom Wesen als auch vom Aussehen sehr unterschiedlich. Die eine trug das schneeweiße Haar hochgesteckt, und viele wilde Strähnen hingen um ihr rundes, lustiges Gesicht. Die andere hatte kurzes, gefärbtes Haar und war viel ruhiger. Beide konnten sehr gut alleine kochen, beide teilten sich die Gunst ihres Chefkoches! Es war ein *ménage à trois* bis ins hohe Alter, was ich immer bewundert habe. Allerdings entzieht es sich meiner Kenntnis, ob andere Sachen auch zu dritt stattgefunden haben! Die Leute im Dorf haben sich den Mund zerrissen über den damals schon alten Koch, der alle beide befriedigt. Wo ist das Problem, wenn

ich bitten darf? Jeder wusste vom anderen, jeder Beteiligte war einverstanden, wenn einer oder eine krank war, haben sich die beiden anderen um die Person gekümmert. Ich fand das eine sehr weise Lösung, und alle, die sich darüber mokieren oder sogar geschockt sind, sind diejenigen, die davon träumen, mehr Freiheit und Toleranz erleben zu dürfen. Und als der Koch starb – vielleicht war es ihm doch zu viel, zwei alte, scharfe Damen zu verwöhnen –hielten sie das Restaurant aufrecht, aber nicht lange, beide starben kurz hintereinander. Die typischen regionalen Spezialitäten der drei waren unter anderem: Huhn mit Flusskrebsen, Kaninchen im *civet* (Blutsauce), *champignons frais à la crème* (ein Gedicht!) und das hier:

Soufflé de légumes

Gemüsesoufflé

Lässt sich unendlich variieren; dort haben sie es mit Artischockenböden gemacht, und es war köstlich. Hierzulande wäre es sehr kostspielig, es ausschließlich aus diesem Gemüse zuzubereiten, deshalb schlage ich Ihnen folgende Mischung vor:

4 gekochte Artischockenböden von großen, frischen Artischocken
2 mittelgroße Zucchini
4 große Karotten
1 große mehlig kochende Kartoffel
3 Eier, getrennt
1 kleiner Becher Crème fraîche
frisch geriebene Muskatnuss
wenn erwünscht, 100 g frisch geriebener Parmesan oder ein ähnlicher Käse
Salz, Pfeffer

Das sehr weich gekochte Gemüse (am besten im Dampf garen, damit das Gemüse kein Wasser zieht) in der Küchenmaschine oder im Mixer pürieren und mit dem Eigelb mischen. Gewürze und Crème fraîche hinzufügen und das steif geschlagene Eiweiß sachte unterheben. Wenn Sie Käse wünschen, dann bitte vor dem Eiweiß hinfügen! Es sieht sehr schön aus, wenn Sie diese Masse in kleine Formen füllen und individuell jedem Gast hinstellen. Aber eine Auflaufform tut es auch. Nur die Backzeit ändert sich dementsprechend. Den Backofen auf 160 °C (Umluft) vorheizen und das Soufflé backen (etwa 25 Minuten in der großen Form, 13 Minuten in den kleinen Förmchen). Mit einem Holzspieß hineinstechen; wenn er trocken rauskommt, ist das Soufflé fertig: Sofort servieren, das heißt, es kann nicht warten, es sieht sonst sehr schlapp und unappetitlich aus! Erinnert mich an was! Aber was?

1889 und ein schönes Essen

Bei uns sagt man: Zurück zu den Wurzeln, wenn wir dahin gehen, wo wir geboren wurden, oder wo die Eltern herstammen. Also bin ich hier, in Bayern, auch zurückgekehrt zu meinen Wurzeln, da mein Ururgroßvater ein bayerischer Bierbrauer aus Jetzingen war. Die Frage ist und bleibt, weshalb ich keine reiche Erbin bin und aus welchen Gründen er sich damals auf den Weg nach Paris gemacht hat, wo er sich in die schöne Näherin verliebte, die seine Nachbarin war. Der lustige und gütige Bayer verguckte sich zunächst in das vorteilhafte Dekolleté meiner Ururgroßmutter, obwohl dieses unter einer Bluse mit hohem Kragen gut versteckt war. Damals hat man(n) halt alles erraten müssen! Heute täuschen wir unsere Welt mit Push-ups und Wonderbras und das Erraten endet in flachen und hängenden Enttäuschungen!

Aber ich ufere schon wieder aus!

Aus dieser Ehe kam meine Urgroßmutter zur Welt, eine kleine, sehr dunkelhaarige Frau – wie die Bayern so sind – mit blauen Augen und einem unmöglichen Charakter. Wie es damals üblich war, haben ihre Eltern ihre Hochzeit bestimmt, und sie konnte nie den jungen Mann von nebenan heiraten, der ihr Herz höher schlagen ließ. Stattdessen befand sie sich auf einmal mit 19 in der Hochzeitsnacht mit einem ehrbaren Notar, 20 Jahre älter als sie, dickbäuchig und kahl. Die Gymnastik, die in dieser Nacht zwischen den beiden stattfand, ist die einzige, die meine Urgroßmutter zuließ. Der arme Notar, der sich so gefreut hatte, junges Fleisch in sein Gemach zu bekommen, durfte nie mehr ran. Ist auch nicht nötig geworden, da in dieser einzigen Nacht das Ei für meine Großmutter gelegt wurde. Der wachsende Bauch, die Übelkeit, die Fürsorge des zu Tränen gerührten Notars, alles war meiner Urgroßmutter zuwider und gleich nach der Geburt ihrer Tochter gab sie das Kind zur Amme, kümmerte sich nie um sie, schickte sie sehr schnell ins Internat und wurde selber eine arme, frustrierte, einsame alte Frau.

Was noch aus dieser Ehe aus dem Jahre 1889 stammt, sind traumhafte Gläser, die zur Hochzeit geschenkt worden sind: filigrane, zarte Kunstwerke mit Goldrand, in verschiedenen Größen, da unsere Vorfahren für jeden Alkohol ein anderes Glas verwendeten. Sherry, *Champagne*, Weißwein, Rotwein, evtl. Wasser ... und wenn ich sie aus dem Schrank raushole – was ich sehr oft mache, weil diese Kostbarkeiten da sind, um benutzt zu werden und nicht in einer Vitrine zu verstauben, dann serviere ich dazu ein sehr gutes Essen, unter anderem:

Schweinefilet mit Cranberries und interessanten Beilagen

oder: Das optisch verführerische Menü!

2 kleine oder 1 großes Schweinefilet
1 großes Stück gesalzene Butter
Salz, Pfeffer, Cayennepfeffer
1 große, rote Zwiebel, in grobe Scheiben geschnitten
150 g frische Cranberries (siehe Glossar)
1 EL Erdbeermarmelade
1/2 Becher Crème fraîche

Beilagen:

1/2 Tasse Beluga-Linsen (im Reformhaus erhältlich)
8 Mini-Auberginen, der Länge nach halbiert, mit Salz bestreut
Pflanzenöl
8 Lauchzwiebeln
8 Salbeiblätter
4 Scheiben italienischer oder spanischer roher Schinken
1 Tasse Arborio-Reis
1/4 TL Safranfäden, in heißem Wasser eingeweicht

Salat:

1 Bund Rucola
1 Avocado
1/2 rotfleischige Grapefruit
1 Schalotte, fein geschnitten
1 EL weiße Sesamkörner
Salz
frisch gemahlener schwarzer Pfeffer
2 EL Balsamico
5 EL Olivenöl

Fleisch: In einer großen Pfanne die gesalzene Butter schmelzen, und wenn sie schäumt, das Fleisch darin auf allen Seiten scharf anbraten. Vor jedem Umdrehen des Fleisches die Seite mit Salz, Pfeffer und Cayennepfeffer würzen. Die Zwiebel hinzufügen. Auf kleiner Flamme weiterbraten und den Bratensaft immer wieder mit wenig Wasser verrühren. Die Cranberries neben den Filets in den Saft legen und unter häufigem Rühren weich werden lassen. Wenn die Cranberries weich sind, diese zerdrücken und mit der Erdbeermarmelade gründlich vermischen. Das Filet aus der Sauce nehmen und in 2 cm dicke Scheiben schneiden (wäre schön, wenn diese noch zartrosa wären!). In Alufolie warm halten und die Sauce abschmecken. Zuletzt die Crème fraîche unterrühren (Cranberries sind Geschmackssache, sie können sehr sauer sein, dann können Sie braunen Zucker zufügen), warm halten.

In der Zwischenzeit die Beilagen zubereiten:

Linsen: Diese gründlich waschen und in 1 1/2 Tassen Wasser kochen. Erst am Ende salzen und abtropfen lassen. Warm halten.

Auberginen: Mit Küchenpapier trocken tupfen und in Pflanzenöl beidseitig frittieren. Warm halten. (Ein Teil des Öls für den Reis behalten!)

Lauchzwiebeln: Jeweils ein Salbeiblatt in 1/2 Scheibe Schinken legen und damit die Lauchzwiebel umwickeln. Kurz in Öl anbraten und warm halten.

Arborio-Reis: Einen Teil des Öls von den Auberginen behalten und den gewaschenen, abgetropften Reis darin anbraten, bis er gänzlich von Öl umhüllt ist. Den Reis immer wieder mit dem Safranwasser befeuchten, bis er durch ist.

Alles auf eine schöne, angewärmte Platte legen (wir haben ja gesagt, es wird schön serviert heute, und umständlich, und mühsam, aber sehr lohnend!) richten Sie auf der einen Seite die Beluga-Linsen an (sie schauen aus wie kleine Kaviar-Kugeln, ganz hübsch), in die Mitte häufen Sie den glänzenden, safrangelben Reis, daneben legen Sie die Auberginen. Auf dem Reis ordnen Sie die Lauchzwiebeln dekorativ an!

Auf eine andere schöne Platte (Sie werden mehr als eine haben, oder?) legen Sie die Fleischscheiben mit der prächtigen, sämigen, rosafarbenen Sauce!

Der **Salat** ist schnell zubereitet: Den gewaschenen Rucola auf den Boden einer Salatschüssel legen, die als Kugeln ausgestochene Avocado drüber, die enthäuteten Grapefruit-Scheiben auf die Avocadokugeln, die Schalotte auf das Ganze, mit Sesam bestreuen, salzen, pfeffern und erstens mit Essig und zweitens mit Öl begießen. Erst am Tisch mischen!

So, jetzt habe ich genug geredet für heute, und Sie haben genug gekocht! Aber es schmeckt sehr lecker und sieht wirklich appetitlich aus!

Amen und Wein

Von den schönen Gläsern habe ich gerade erzählt. Und einmal organisierte ich für einen Verwandten ein Geburtstagsessen und lud seine Freunde ein. Alle kamen, ich deckte den Tisch mit meinem frisch polierten Silber, meinen von der Hand meiner Großmutter bestickten Tischdecke und Servietten, und ... meinen Traumgläsern! Die Gesellschaft war sehr lustig und lebhaft, und es passierte, was passieren musste: Ein alter Herr, sehr gesprächig und etwas angeheitert, machte eine ungeschickte Bewegung und zerbrach ein Glas. Angeblich wich mir das Blut aus dem Gesicht, ich war sehr traurig, sagte trotzdem nichts, aber erzählte ihm, woher ich die Gläser hatte. Die traurige Liebesnacht meiner Vorfahren erwähnte ich natürlich nicht! Aber jetzt kommt der Clou. Er kam in die Küche, wo ich dabei war, eine Dose irgendwas aufzumachen, und er sagte mir, ich hätte einen sehr schlechten Dosenöffner, was ich bejahte. Ein paar Tage später kam er vorbei, einen Gegenstand in Geschenkpapier eingewickelt und reichte mir stolz einen blitzneuen Dosenöffner à 2,95 Euro als Ersatz für mein kaputtes Glas! Mir fiel das Kinn bis zu den Knien, denn – wenn mir so etwas bei Leuten passiert wäre – hätte ich die ganze Stadt abgeklappert und versucht, zumindest 2 schöne, alte Gläser zu finden. Ganz davon abgesehen, dass sein wunderbarer Dosenöffner schon nach ein paar Tagen den Geist aufgab! Und das von einem Mann von Welt – aber nur nach außen! Ein Hochgebildeter, der die Welt bereist hat, der alles weiß über verschiedene Völker, über die Geschichte und Geografie vieler Länder, der absolut kultiviert ist, ... aber ein Tyrann, stockkatholisch, der seine Kinder schlug und sie auf die Bibel schwören ließ, dass sie nie mehr sündigen werden; der seine Frau dermaßen erdrückt hat, dass sie sehr schnell jede Weiblichkeit fallen ließ und, obwohl selber klug und gescheit, ein blasses Nichts wurde, geknebelt und erniedrigt. Bei mir geht bei solchen Männern, oder überhaupt Menschen, die Fantasie durch, und ich kann mit ziemlicher Sicherheit garantieren, dass zwischen den Wänden ihres Schlafzimmers ganz Hässliches passiert, Erniedrigendes, von der Kirche Verbotenes und der armen Frau Aufgezwungenes! Denn Kirche und Sex sind im Moment mein Lieblingsthema! Aber keine Angst, ich erspare Ihnen weitere Ausführungen – zumindest für heute – und verrate Ihnen, wie ich als Französin Glühwein bereite:

Vin chaud

Glühwein

Für mich alleine!

1 l guter Rotwein (nicht unbedingt französisch, eher spanisch)
1 große Bio-Orange, in Scheiben geschnitten
1/2 Bio-Zitrone
1/2 l roter Früchtetee
1 Zimtstange
3 Anissterne
5 Nelken
4 EL brauner Zucker
1 Messerspitze gemahlene Nelken
1 Messerspitze gemahlener Anis
1 Messerspitze gemahlener Kardamom

Alles aufkochen, die Orange mit einem Löffel leicht auspressen, rühren, trinken, genießen, der Kirche einen schönen Gruß und Prost!

Teestunde mit Grand-mère und Müller

Ich kann sie mir leibhaftig vorstellen, wie sie am gusseisernen Gitter des Balkons lehnt und verzweifelt nach ihrem Sohn Ausschau hält. Es ist schon dunkel, ein eiskalter Wind bläst durch ihr Kleid, sie fröstelt und ihre kleinen, lebendigen braunen Augen versuchen, den Umriss meines Vaters in der Dunkelheit auszumachen.

Aber nein, er ist nicht da. Es ist schon nach 22.00 Uhr, Sperrstunde ist um 21.00 Uhr, und er weiß ganz genau, dass sie wieder vor Sorge irr wird. Auf dem Tisch steht noch das Kaninchenragout, das er so gerne isst und das sie mit Müh und Not vom Schwarzmarkt herbeigezaubert hat, in der Hoffnung, ihn rechtzeitig nach Hause zu locken.

Aber mein Vater träumt von langen Beinen, frechen Mädchen mit rot bemalten Mündern, er denkt nicht im Traum daran, Kaninchen zu essen, sondern will an etwas anderem naschen.

Meine Großmutter ist aber nicht die Einzige, die auf einem Balkon steht. Ein paar Etagen über ihr steht der Kommandant Müller, der für das Regiment in der Stadt verantwortlich ist. Er bewohnt feudal die große, beschlagnahmte Wohnung von oben, mit einem Adjutanten. Er schaut auch nach draußen, nach diesem wilden jungen Mann mit den roten Locken. Dieser ist ihm aufgefallen, vielmehr dessen Mutter ist ihm aufgefallen. Um die Wahrheit zu sagen, sie gefällt ihm wahnsinnig gut, diese kleine Frau ist immer freundlich, wenn auch zurückhaltend. Er weiß, wie schnell die Franzosen einen als Kollaborateur bezeichnen. Das kleinste Lächeln, die leiseste Begrüßung und schon sind sie in aller Munde! Er merkt es tagtäglich, wenn er in sein Büro fährt. Auf seinem penibelst aufgeräumten Schreibtisch steht ein Stapel Briefe, meistens anonym, immer Denunziationen. Er liest keine, lässt alle verbrennen und verachtet die Franzosen für ihre Erbärmlichkeit.

Aber diese kleine Frau da unten auf ihrem Balkon, sie ist anders. Und eines Tages nimmt er seinen ganzen Mut zusammen und spricht sie an, als sie schon wieder am Balkon steht. Sein Wortlaut ist folgender:

— Guten Abend, Madame Dutruc, ist Jacques noch nicht zu Hause?
— Nein, ich frage mich, wo er sich schon wieder rumtreibt, und ich mache mir Sorgen.
— Sie brauchen sich keine Sorgen zu machen. Wenn er festgenommen wird, dann kommt er sowieso auf die Kommandantur und ist unter meiner Verantwortung.
— Und was werden Sie mit ihm machen?
— Wir behalten ihn die Nacht über, und er kann unsere Stiefel putzen!

Und so kam das auch, dass das Regiment der Stadt öfters sehr gut polierte Stiefel trug! Und mein Vater, inzwischen ein sehr alter und sich gehen lassender Mann, trägt nach wie vor blitzblank polierte Schuhe.

Kommandant Müller ist einst auch zu Tee und Kuchen von meiner Oma eingeladen worden. Die Anziehungskraft war beidseitig. Vielleicht hat sie sich gefragt, ob die Umarmungen dieses Mannes etwas geschmeidiger und liebevoller wären als die tumben, schnellen und hektischen Liebkosungen meines Großvaters. Vielleicht hat sie es auch ausprobiert, aus Lust zur Provokation, aus Lust, etwas anderes zu machen, aus Lust, ein Geheimnis in sich zu tragen. Kurz vor ihrem Tod, im Alter von 93 Jahren, hat sie mir anvertraut, sie hätte nie in ihrem Leben einen Orgasmus gehabt. Also – ob sie es mit Müller ausprobiert hat oder nicht – er hat es auch nicht gebracht. Und wenn Sie jetzt meinen, dass ich Ihnen ein Kaninchenragout-Rezept auftische, dann irren Sie sich. Stattdessen:

Eine feine Teemischung

200 g Darjeeling-Tee
100 g Earl-Grey-Tee
100 g Jasmin Tee

mischen und ein paar Tage ruhen lassen. Portionsweise servieren – falls Herr Müller vorbeischaut! In Frankreich ist »Kaffee und Kuchen« nicht so üblich. Dafür Tee und Kuchen. Deshalb bietet sich folgendes Rezept besonders an:

Schokoladenkuchen aus Frankreich

... wobei Sie sicher sein können, dass danach der Minirock äußerst knapp ausfallen wird, da der zarte Taillenumfang nicht verschont wird. Sehr einfach in der Zubereitung, idiotensicher in der Backart – nicht, dass ich Sie für idiotisch halte! – und ein schmelzender Genuss auf der Zunge:

200 g dunkle Schokolade
etwa 80 g Butter
200 g Zucker
5 Eier
90 g Mehl

Die Schokolade in sehr wenig Wasser schmelzen und dabei in der Küche bleiben (nicht irgendwie mal schnell zum Computer gehen oder telefonieren). Das Schmelzen geht sehr schnell, und die Schokolade will von unseren zarten Händen mit dem Holzlöffel sanft umgerührt werden. Schokolade vom Feuer nehmen und Butter und Zucker in der geschmolzenen Masse zerlassen. Zuerst das Mehl und dann das Eigelb zufügen. Eiweiß steif schlagen und mit viel Vorsicht und Feingefühl unterheben. Den Teig in eine gebutterte Backform einfüllen und bei 140–150 °C (Umluft) etwa 25 Minuten backen. Er brennt sehr gerne an! Der Backofen darf nicht zu heiß sein, sonst ist der Kuchen außen schwarz, innen trocken! Muss innen feucht bleiben (klingt bekannt, ich weiß!). Er bekommt eine wunderbare knusprige Kruste, die ein Genuss ist. Dieser Kuchen ist ein Klassiker der französischen gebackenen Leckereien und wird manchmal in Restaurants mit warmer Vanillesauce serviert. Auch nicht übel. Ich mag ihn am liebsten lauwarm, und wenn mir nicht eins meiner Kinder zuvorkommt, dann schaffe ich ihn ganz alleine!

Feigheit und La Grande Nation

Kann eine Nation ausschließlich aus Helden bestehen?

Selbstverständlich, denn ich stamme aus einer solchen Nation: Frankreich!

»Wir« waren alle in der Résistance, haben unter Einsatz unseres Lebens die Deutschen bekämpft und fast alle Heldentaten vollbracht!

Bitte missverstehen Sie mich nicht! Es haben viele Franzosen ihr Leben riskiert und geopfert, um das Vaterland vom Feind zu befreien, und manche Aktionen waren sehr sinn- und wirkungsvoll. Aber »wir« waren bei Weitem nicht alle beteiligt. Viele junge Leute haben sich für diese Sache eingesetzt, es passt auch zu der Jugend. Die Mehrheit der Franzosen aber hatte ganz andere Sorgen, vor allem wenn sie im besetzten Frankreich lebten, wie beispielsweise in Paris. Ich muss aber immer wieder schmunzeln, wenn ich von der Résistance höre. Meine Gegend ist eine Berggegend, absolut dafür prädestiniert, Kämpfern sicheren Unterschlupf zu gewähren. Es ist allerdings zu einigen unschönen Zwischenfällen gekommen, zum Beispiel als eine Gruppe von der Résistance in ein Dorf einmarschierte, um sich alle mit Mühe besorgten Lebensmittel unter den Nagel zu reißen und gleichzeitig alle jungen Mädchen mit ganz besonderen Mitteln von der Richtigkeit ihrer Sache zu überzeugen.

Ich weiß wohl, dass auch heute eine solche Aussage in Frankreich nicht toleriert wird, und ich würde den größten Ärger bekommen, wenn ich dort diese Tatsachen niederschreiben würde. Ich frage mich nun immer wieder – da ich jetzt in Deutschland wohne und Deutschland immer noch seine Vergangenheit bearbeitet und sich immer wieder fragt: »Wer war Nazi, wer war es nicht?...«– Wann fragen sich die Franzosen, ob sie nicht bei der Libération etwas über die Stränge geschlagen haben? Franzosen gegen Franzosen! So hat es nämlich ausgeschaut! Und in einem Gefängnis in Orleans haben sich verschiedene Leute wieder getroffen: Der Bäcker, weil er den Deutschen Baguettes verkauft hatte (was wäre passiert, wenn er es abgelehnt hätte?), die arme Miguette, Witwe, am Rande des Verhungerns, die, um ein paar Groschen mehr zu verdienen, die Wäsche der Deutschen gewaschen hat; die infame Liste lässt sich endlos weiterführen.

Lassen wir es lieber.

Ich weiß nur eines sicher, das Bild der kahl rasierten Frauen, von der grölenden Meute gehetzt, und die spürbare Aggression, der Hass der Gaffer, das alles erinnert mich an die Steinigungsszene in »Alexis Zorbas«. Menschen sind keine Tiere, sie sind noch schlimmer; sie sind Menschen eben, ein Grauen! Mir fehlt jetzt der Appetit, um Ihnen irgendetwas anzubieten.

Beim nächsten Mal!

Simone und gar nichts

Simone R. war ein sehr hübsches Mädchen, lebensfroh und unbeschwert und lebte damals mit ihren Eltern und ihrem jüngeren Bruder in Lyon. Sie mochte Rad fahren, schwimmen, ein bisschen lesen und die Jungs. Da war sie oft neugierig, ließ sich mit dem einen oder anderen ein, fragte nicht lange nach politischen Richtungen oder grundsätzlichen Einstellungen. Als jüdisches Mädchen in Frankreich zu Kriegszeiten war das nicht sehr hellsichtig. Dann wurde aber für die Juden die Lage sehr kritisch, Denunziationen waren an der Tagesordnung und die Familie musste fliehen. Simone blieb aber nicht lange weg, sie war verliebt, sehr verliebt in einen jungen aalglatten Mann, der wenig redete und erzählte, der ein bisschen ernst und romantisch veranlagt war, und der ihre ganze Weiblichkeit – um nicht zu sagen Sinnlichkeit – zu entfachen wusste. Sie musste zurück nach Lyon, zurück zu ihm. Die verzweifelten Eltern konnten sie nicht umstimmen, sie ging … und wurde nie mehr gesehen. Als keine Nachricht von ihrer Tochter kam, ließen die Eltern den Sohn in Sicherheit zurück und machten sich auf den Weg nach Lyon. Sie fragten herum, gingen zu Nachbarn und »Freunden«, unternahmen alles Mögliche, um das Mädchen ausfindig zu machen. Endlich kam ein brauchbarer Hinweis, oder eher ein kleiner Tipp, von einer wildfremden Person: Sie sollen zum Leichenschauhaus gehen. Es ist kaum nachvollziehbar, wie sich Eltern in dieser Situation fühlen, selbst in Gefahr und dann noch das. Nach kurzem Suchen fanden sie leider, was sie suchten. Da lag eine unkenntliche Leiche auf einer Bahre. Diese Leiche zeigte Spuren von schrecklichen Misshandlungen; das Mädchen war vollkommen verstümmelt worden. Den einzigen Beweis lieferte ein Muttermal in Herzform, das sie auf dem Oberschenkel hatte. So wussten die armen Eltern, es handelte sich um Simone. Da Gewalt und Mord unübersehbar waren, versuchten die Eltern, Recht walten zu lassen, und gingen von Pontius zu Pilatus. Vergebens. Die Wahrheit erfuhren sie auf geheimen Wegen, in Form einer weiteren Drohung. Der »Chef de la résistance« von Lyon ließ sie über Dritte wissen, dass, wenn sie weiter nach der Wahrheit suchen, ihr junger Sohn das gleiche Schicksal erleben würde. Ja, Sie haben richtig gelesen. Ja, alle Helden haben auch ihre Geheimnisse und ihre Leichen im Schrank. In diesem Fall war die große Liebe von Simone ein Junge, der bei der sogenannten »Ligues« aktiv war. Diese Ligues waren rechtsextremistische Bewegungen, den deutschen ähnlich, und waren für das Vaterland und gegen Juden, Ausländer, Kommunisten, Homosexuellen und alles andere »Ungeziefer«. Und dieser Junge war bestimmt nicht zimperlich. Er wurde erledigt. Die Frage ist: Wussten die Résistance-Kämpfer, dass dieses junge Mädchen Jüdin war, nur blind verliebt und dass sie wahrscheinlich nicht mal wusste, was eine Ligue ist? Und wusste der junge Mann, dass seine Freundin Jüdin war? Und warum musste sie sterben, warum so grauenhaft? Wir werden es nie wissen.

Juliette und die Banane

Juliette Murois ist 21 Jahre alt, strotzt vor Selbstsicherheit, hat sehr lockiges, sehr rotes Haar, welches ihr schönes Gesicht umrahmt; große braune Augen mit zu hellen Wimpern, eine feine, etwas lange Nase, einen üppigen Mund, die untere Lippe etwas dicker als die obere, eine blasse Haut. Trotz der Kälte, die heute in der Baracke herrscht – der Frost hat die Fenster mit Eis beschlagen – steht sie splitternackt vor den anderen Frauen und führt ganz stolz ihr genauso rotes Schamhaar vor. Die Frauen sitzen eng aneinandergepresst, um ein bisschen Wärme zu spüren und warten auf das Spektakel, das sie bereits kennen: Juliette wird ihnen ihre Heldentaten vorführen. Das Wort »vorführen« ist bewusst ausgesucht, denn dieses rote Schamhaar spielt eine sehr große Rolle in diesem makabren Theaterstück. Tochter einer armen Familie, merkte Juliette sehr schnell, dass ihr besonderes Aussehen die Männer nicht kalt ließ und dass manche Jungen oder dann auch Männer bereit waren, etwas springen zu lassen, um zu sehen, ob diese rote Mähne überall so feurig aussah. Als die Deutschen einmarschierten und das Schloss der Kleinstadt beschlagnahmten, sorgte Juliette dafür, von den Soldaten bemerkt zu werden. Schüchternes Lächeln, eine vorgespielte Unbeholfenheit, die langen Beine, so weiß schimmernd in den schwarzen Wildleder-Pumps. Ja, Juliette fiel auf. Sie fiel dem Kommandanten auf, einem etwa 30jährigen Mann, der sich seinen Aufenthalt in Frankreich so kurz wie möglich erhoffte, Frau und Kind warteten auf ihn. Sein Aufenthalt wurde kurz, nur nicht so wie er es sich erhoffte. Er verliebte sich in Juliette oder vielleicht ist es richtiger zu sagen, er verfiel dieser jungen aparten Frau, in deren Armen er alles vergaß, sich inklusive. Ihr Haar, ihr Geruch, ihr Lachen und ihre Zungenfertigkeit machten ihn wild, so wild, dass er ihr ein Auto schenkte, und zwar ein schwarzes Cabrio mit rot-schwarzen Ledersitzen. In dieser Provinzstadt wurde sie sofort ein rotes Tuch, alles war zu offensichtlich, ihre Familie wandte sich gegen sie, ihre Freunde ignorierten sie. Aber Juliette war intelligent und wusste sehr genau, dass dieses Spiel gefährlich war. Sie hatte einen Riesentrumpf, einen geheimen Trumpf, den ich Ihnen gleich erzählen werde. Auf jeden Fall hatte der Kommandant bald Geburtstag und Juliette schlug ihm vor, für ihn ein schönes Fest im Schloss zu veranstalten. Blind vor Lust und Eitelkeit willigte der Kommandant ein und überließ ihr die Verantwortung für die Organisation. *Champagne*, Kuchen, nicht zu viele Gäste, Juliette in einem schwarzen Kleid, das ihr Haar betonte. Es wurde Musik gespielt, getanzt, viel getrunken. Und als alle Gäste weit über den Durst getrunken hatten – außer Juliette – schmuggelte sie einen jungen Mann ein. Unter dem Vorwand, dem Kommandanten beweisen zu wollen, was sie unter ihrem Kleid trug – nämlich nichts außer ihrer Haarpracht – führte sie ihn in das kleine Büro, wo ein junger Mann auf ihn wartete. Kaum war der Kommandant in das dunkle Zimmer getreten, wurde er erschossen. Dieser ungebetene Gast war der Chef der dortigen Widerstandsbewegung und der andere Liebhaber Juliettes. Ganz schlau inszeniert, finden Sie nicht? Ihr Aufenthalt im Internierungslager wurde sehr kurz, ihre Anklage als Kollaborateurin wurde schnell umgewandelt und sie wurde als Heldin unserer Nation gefeiert. Meine Mutter wurde zu vier Jahren verurteilt, weil sie Deutschunterricht genommen hatte.

Diese Geschichte macht mich nicht so traurig, dass ich nicht wieder ans Essen denken könnte. Also, kommen wir mit einem sehr leckeren Kuchen wieder in die Gegenwart (warum erwähne ich überhaupt, er sei lecker? Wenn er es nicht wäre, würde ich ihn wohl kaum vorstellen):

Bananabread

... wird oft in Kalifornien gegessen!

250 g weiche Butter
150 g brauner Zucker, 1 Prise Salz
5 Eier, getrennt
15 g gemahlener Ingwer
50 g Kokosraspel, 50 g gemahlene Mandeln
50 g Pekannüsse, grob gehackt
die abgeriebene Schale einer unbehandelten Zitrone
500 g reife Bananen, im Mixer püriert
4 EL Zitronensaft
1 guter Schuss Rum
250 g gesiebtes Mehl
1 Päckchen Backpulver

Die weiche Butter mit dem Zucker und Salz rühren, bis der Zucker sich mehr oder weniger aufgelöst hat. Ein Eigelb nach dem anderen in die Mischung einarbeiten. Ingwer, Kokosraspel, Mandeln und Pekannüsse hinzufügen, die Zitronenschale, die Bananen, den Zitronensaft und den Rum dazugeben. Immer dafür sorgen, dass die einzelnen Zutaten gut eingearbeitet sind. Das Backpulver mit dem Mehl mischen und *peu à peu* in die Masse einarbeiten. Zuletzt das steif geschlagene Eiweiß mit Bedacht dazutun (Sie wissen sicherlich, dass der erste Esslöffel Eiweiß ausschlaggebend ist! Er darf nicht mit kreisenden Bewegungen in die Masse reingetan werden, er zerfällt sonst. Er muss mit dem Holzlöffel förmlich reingehackt werden, mit senkrechten Bewegungen. Das restliche Eiweiß wird auch vorsichtig behandelt: Es wird mit drehenden Bewegungen eingearbeitet! Mit dem Holzlöffel tunken Sie es hinein und geben dem Löffel eine Drehbewegung, bis das Eiweiß nicht mehr sichtbar ist!). Im vorgeheizten Ofen bei 160 °C (Umluft) 45 Minuten backen. Abkühlen lassen und mit Puderzucker bestäuben. Schmeckt lauwarm am besten, innen ganz feucht ... ich höre schon auf.

Venedig und Spritz

Ich weiß zwar nicht, wie es Ihnen geht, aber bei mir ist es mit der Schönheit genauso wie mit dem *Champagne*. Ich kann nur soundso viel ertragen, dann bekomme ich Schwierigkeiten. Und so ist es mir in Venedig ergangen. Nach einem Tag intensivster Sensibilisierung war meine Seele von so vielen schönen Bildern, vom Licht und von der einmaligen Stimmung so erschöpft, dass die Rückreise keine Trauer verursachte. Ich habe wirklich in Venedig gebadet (nicht in den schmutzigen und stinkenden Kanälen, nein!), ich, die immer so unruhig bin, konnte ewig vor einer Fassade oder auf einer Brücke stehen bleiben und alles beobachten. Wie das Licht fiel, wie die Pfähle angemalt waren, wie der Schatten mit den Fenstern der Paläste spielte, wie geschickt die Gondolieri sich zwischen Vaporettos und Taxis durchschlängeln konnten, wie Skulpturen auf den Dächern der unzähligen Kirchen sich gegen den blauen Himmel abzeichneten, wie die Pfeile in Sebastians Oberkörper in Richtung Himmel zeigten … und so erging es mir den ganzen Tag. Eine Aufreihung von wundersamen Bildern, meine Fantasie kannte keine Grenzen, ich hörte die Steine flüstern, die Stufen stöhnen, ich sah hinter jeder Tür ein großes Geheimnis, ich ahnte seidene Gewänder über spitzen Schuhen, mit viereckigen, diamantenbesetzten Schnallen, Herren mit Elfenbein-Spazierstöcken, Händler mit roten Tomaten, alte Matronen, ganz in Schwarz gehüllt, das Gesicht hinter einem mit Pailletten bestickten Fächer versteckt. Die wahren Bilder waren genauso schön: Ein Weihnachtsbaum wird auf einem Boot transportiert, ein bizarrer Laden verkauft Samtkleider mit goldenen

Masken und Spazierstöcke mit sonderlichen Griffen, eine schicke Frau kauft viel bei Gianni Versace ein, während ihre Kinder den Laden vollbrüllen, es gibt Berge von bunten Süßigkeiten in den Schaufenstern, die Abendsonne färbt alle Fassaden entlang des Canal Grande karminrot, das Wasser schlägt gegen eine große, runde, hölzerne Tür, ein gut aussehender und grauhaariger Mann küsst leidenschaftlich eine Frau, und ich spüre, dass sie nicht zusammen gesehen werden dürfen. Eine venezianische Spezialität heißt *sarde saor* und es sind tatsächlich Sardinen in einem süßsauren Zwiebelkompott, und am Abend trinken alle:

Spritz

1/2 Glas kalter, trockener Weißwein
1 Schuss Mineralwasser mit Kohlensäure
1 Scheibe Zitrone
1/3 Glas Aperol

Sehr, sehr zu empfehlen, geht auch mit Campari, ist aber süßer mit Aperol!

Die erste Liebe und (nicht) die Bohnen

Mit 18 Jahren sah ich ihn, und ich wusste sofort, er soll es sein. Es mag kitschig klingen, aber so war es. Als ich 19 wurde, entschied er, ich solle es nicht mehr sein! Er war der erste Mann, den ich an mich ranließ, er zögerte, weil ich Jungfrau war, und er wollte diese Verantwortung nicht übernehmen. Ich ließ ihm aber keine Wahl, ich hatte beschlossen, er soll mich in die geheime Welt der Sexualität einführen, er soll mich Sinnlichkeit und Lust lehren.

Das tat er auch, und ich betrachte es als großes Glück, ihn als ersten Mann gehabt zu haben. Die Siebzigerjahre waren Synonym für sexuelle Freiheit und totale Offenheit; ich empfand sie eher als frauenfeindlich und entwürdigend. Mädchen waren immer die Blöden; wenn sie sofort mit einem Jungen auf einem Fest Sex hatten, waren sie Huren, wenn sie nicht wollten, waren sie Zicken oder weiße Gänse – so nannte Man(n) bei uns Mädchen wie mich, die in dieser Hinsicht ein Ideal hatten.

Ich kann mich noch gut an ein Fest erinnern, auf welches ich mich so gefreut hatte. Endlich war ich in diesem erlesenen Kreis akzeptiert, endlich war ich Teil davon. Ich kam dort an, bei einer sehr angesehenen Familie, was lediglich hieß, dass sie Kohle hatte und einen zweifelhaften Adelstitel; und ein sehr gut angezogener junger Mann machte auf. Er hatte mich eingeladen, er trug einen braunen Samtanzug, eine passende Samtfliege und hatte ein Glas *Champagne* in der Hand. Er fragte mich, was ich trinken wolle, und führte mich in einen großen Raum, wo lediglich eine Couch und ein paar Stühle an der Wand standen. Ich bekam auch ein Glas *Champagne*, wir nahmen Platz auf der Couch und er fragte mich direkt: *»Tu couches ou tu ne couches pas?«* Also, Sex oder nicht? Ich war so konsterniert, so enttäuscht und fing an, ihn über meine Theorie zu unterrichten und über mein Ideal. Es interessierte ihn nur mittelmäßig, er schaute mich etwas mitleidig an und meinte, ich sollte »es« so schnell wie möglich erledigen. Ich verließ das Fest nach einer halben Stunde, eigentlich war es kein Fest, alle Zimmer in der ersten Etage waren ab 21.00 Uhr besetzt. Also ein Bordell, wo die Mädchen sich gratis anboten!

~1869~
FLAGE
OLETS
avec tomates
57
VARIANTES

So kurz war mein Ausflug in die hohe Welt des Großbürgertums von Grenoble! Vielleicht ist dies der Grund, weshalb ich nie in den Genuss kam, einen Franzosen als Freund oder Liebhaber zu haben! Aber was nicht ist, kann noch werden, oder? Die hohe Kunst meines ersten Freundes hat mich glauben lassen, Deutschland sei das Land, wo die Männer die Lust der Frauen erwecken. Als er mich verließ, weinte ich sechs Monate lang, täglich: Meine Mutter war absolut verzweifelt. Aber das Leben kennt oder zeigt die seltsamsten Wege. Ich habe ihn vor drei Jahren wiedergesehen, kurz vor seinem zu frühen Tod; und siehe da, er hatte mich nicht vergessen, ich war die einzige Frau, deren Fotos er behalten hatte, er servierte mir meinen Lieblingswein – Gigondas –, spielte unsere damalige Musik und sagte, wie viele Jahre er noch an mich gedacht hatte. Ich wünsche, ich hätte es während dieser schrecklichen sechs Monaten erfahren können, es hätte mir viel Schmerz erspart …
oder vielleicht auch nicht. Und eine Speise, die er bei meinen Eltern besonders schätzte, war die Lammkeule, die ich Ihnen bereits serviert habe, mit besonderen grünen Bohnen:

Flageolets à l'ancienne

Dicke Bohnen nach alter Art

Flageolets sind blassgrüne Bohnen, sie haben die gleiche Form wie die weißen oder roten, sie schmecken leicht mehlig und haben auf den Darm die gleiche Wirkung wie alle anderen Bohnen auch.

1 Dose Flageolets (Dicke Bohnen, 400 g Nettogewicht)
1 Lorbeerblatt
Olivenöl
1 Schalotte
5 Knoblauchzehen, 2 davon zerdrückt
1 Dose Tomaten (400 g Nettogewicht)
2 Zweige Thymian
Salz, weißer Pfeffer, frisch gemahlen
1 TL brauner Zucker

Die Bohnen samt ihrem Wasser in einem Topf mit den 3 ganzen Knoblauchzehen und dem Lorbeerblatt sanft erwärmen.

In einer Pfanne das Olivenöl erhitzen, die fein geschnittene Schalotte sowie die beiden zerdrückten Knoblauchzehen leicht bräunen lassen. Die Tomaten hinzufügen und mit dem Kartoffelstampfer, den Sie zweifellos besitzen, die Tomaten leicht zerdrücken. Thymianzweige in die Mitte legen, Hitze reduzieren und die Tomaten etwa 20 Minuten köcheln lassen. Gegen Ende der Garzeit salzen, pfeffern und zuckern. In den Topf zu den *Flageolets* geben und noch weitere 5 Minuten köcheln lassen.

Die Bohnen sofort servieren und, nach Geschmack, die ganzen Knoblauchzehen vorher entfernen oder drinlassen. Ich liebe diese Bohnen!

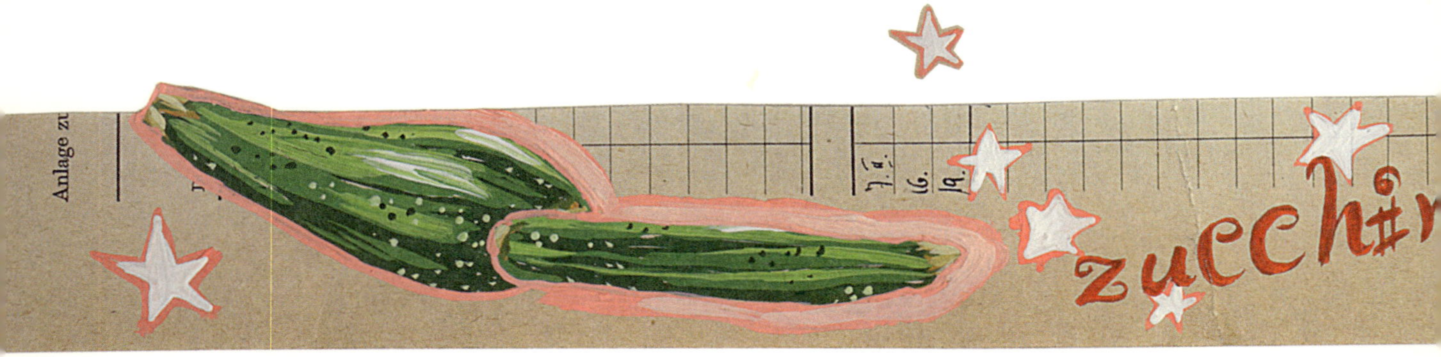

Was Mann mit Zucchini gemeinsam hat

Ich bin 20 Jahre alt, habe 20 Kilo Übergewicht, es hat minus 20 °C, und ich sitze mutterseelenallein in einem Bus in Ottawa. Ich muss bei der letzten Station aussteigen, es ist kurz vor Mitternacht und der Bus ist so warm wie ein Kühlschrank. An einem unüblichen Ort – unüblich weil keine Haltestelle – stellt der Chauffeur den Motor ab und steht auf. Etwas beunruhigt schaue ich ihn fragend an: Ob es eine Panne gibt? Ob ich schieben muss? Ob ich zu Fuß nach Hause gehen darf? Nichts dergleichen. Er hat Lust auf eine kleine *partie de jambes en l'air,* wie es bei uns so lustig heißt, was so viel bedeutet wie »Beine hoch stellen« (dieser Ausdruck sagt viel über die bevorzugte Stellung der Franzosen aus ... Sie liegt unten, aber nicht flach, sondern streckt die Beine nach oben vor lauter Begeisterung und Sportlichkeit!!!). Ich schaue ihn an wie ein Auto. Wahrscheinlich habe ich mich verhört. Ich schaue aus wie ein gestrandetes Walross, und es ist mitten in der Nacht, und wir kennen uns doch nicht mal! Und ich bitte ihn, seine Bitte zu wiederholen, was er lächelnd tut. Es sei nicht das erste Mal für ihn, es ist immer nett dort ganz hinten auf der hintersten Bank. Es findet sich immer eine einsame Kundin, die sich von Arktis-ähnlichen Temperaturen, der Gemütlichkeit einer Bahnhofshalle um 5.00 Uhr morgens und einem wildfremden Mann nicht stören lässt. Das Wort Aids war damals nicht mal erfunden worden, und die Kälte ist auch ein guter Grund, um sich was einfallen zu lassen. Er war sehr freundlich und nicht aufdringlich. Etwas enttäuscht, dass ich sehr höflich sein Angebot ablehnte, startete er den Motor wieder und fuhr mich nach Hause. Ich habe nie mehr den letzten Bus genommen und obwohl ich in Kanada keinen Freund kennengelernt habe (wie auch ... bei diesem Körperumfang) lag und liegt mir diese einfache und unbeschwerte und schnelle Nummer überhaupt nicht. Dieser Busfahrer war nicht besonders interessant, sein Gesicht habe ich sofort vergessen, ein blasses Gemüse, genauso wie dieses hier, das wir jetzt aber aufpeppen:

Zucchini mit Couscous und Shrimps

4 kleine Zucchini
1 Bund Lauchzwiebeln
Butter
1/2 Becher Sahne
kleine rohe Crevetten (Menge je nach Budget)
Salz, Pfeffer
1/2 TL Safranfäden, in etwas heißem Wasser eingeweicht
(Einweichwasser behalten)
1 Messerspitze scharfes Chilipulver
1 EL Tomatenmark

Couscous (siehe Rezept »Couscous mit Rosinen und Gemüse«, S. 67)

Zucchini in ganz dünne Scheiben schneiden, Lauchzwiebeln in feine Ringe.
In der schäumenden Butter anbraten.
Erst die Sahne hinzufügen, dann die Crevetten. Die Gewürze einrühren und mit dem dampfenden Couscous servieren. Super!

Champlitte
Coublanc
Grenant
Maâtz
Grandchamp
Rivières-le-Bois
Leffond
Salon
Louches
Piémont
N.67
Violot
Les Loges
Celsoy
Montlandon
Vaudin
Maurice
Grancey-le-Château
Villemervry
la Margelle
Musseau
Chalmessin
Aujeure
Vivey
Courcelles-s-A.
Ternat
St-Loup

Aignay-le-Duc
Champigny
Arbigny
Vaux-la-Douce
Essarois
Bussières
Genevrières
Savigny
Voncourt
Bourguignon
Farincourt
Tornay
Valleroy
Gilley
Frettes
Argillières
Pierrecourt
Fouvent
St Andoche
Larret
Courtesoult
Roche
Brotte
Volon
Margilley
Vaite
Membrey
Recologne
Delain
Achey
Denèvre
Dampierre-s-S.
Montot
Autet
Quitteur
Savoyeux
Seveux
Vellexon
Ferrières
Saône
Fresne-St Mamès
Vezet
Greucourt
Semmadon
Arbecey
Chargey
Combeaufontaine
Le Fays
Morey
Saucourt
Scey-s-S.
Bucey-lès
Noidans-le-Ferroux
Vy-le-F.
Nouvelle-lès-la
Lieffrans
Vaudey
St Gand

Marie-Antoinette und die Schlichtheit der Eier

Ich möchte ein Klischee endgültig aus Ihren Köpfen löschen. Wir sind keine besonderen Lebenskünstler, wir sind nicht unspießig, wir sind nicht revolutionär, wir sind nicht netter – wir sind wir, die Franzosen, ganz normale Menschen, enorm eingebildet, zehren noch von unserer längst vergangenen Glorie und glauben nach wie vor, wir seien die Grande Nation. Eine sehr naive Vorstellung, manchmal sympathisch, meistens aber ärgerlich. Und wir putzen auch sonntags unsere Autos und schauen, was der Nachbar treibt, und zerreißen uns die Mäuler über jeden Skandal, und es ist nicht, weil wir manchmal ein dreigängiges Menü zustande bringen, dass wir außerordentliche Genießer sind; und wenn Paris die Stadt der Liebe genannt wird, bedeutet es nicht, dass jeder Franzose ein genialer Liebhaber und Verführer ist und jede Französin sich keine Gelegenheit entgehen lässt. Ich denke, dass in den französischen Schlafzimmern der Zustand genauso öde ist wie in den deutschen, also machen Sie sich bitte nichts vor, wenn Sie in meine Heimat fahren. Genießen Sie einfach unsere sehr abwechslungsreiche Landschaft, unsere differenzierte Küche, unsere Antiquitäten und alten Schlösser.

Eines haben wir, was Sie aus geschichtlichen Gründen nicht mehr haben können, es ist ein großes Erbe an Gegenständen, Silberwaren, altem Geschirr, altem Schmuck, Möbeln usw.; da unsere Städte nicht abrasiert worden sind, ist uns viel erhalten geblieben. In unseren stockkonservativen, katholischen Provinzstädtchen haben wir sehr oft hie und da ein noch bewohntes altes Schloss, von einer hochnäsigen, halbadeligen und total pleite gegangenen Familie mit mindestens sechs Kindern, die vom lieben Gott gesandt wurden. Aber da ich, wie alle anderen vor mir seit 200 Jahren, wieder Einzeltochter bin (immer nur Mädchen und immer nur eins), ist alles bei mir gelandet. Unter anderem dieser zarte Porzellanschuh, welchen Marie-Antoinette ihrer Zofe zur Geburt ihres Kindes geschenkt hat. Tja, also sehr glorreich ist es nicht, der Ur-Ur-Ur-Nachfahre einer Zofe zu sein, aber immerhin am Hof und immerhin bei Marie-Antoinette persönlich! Und denen unter Ihnen, die Marie-Antoinette wegen ihres Luxus und ihrer angeblichen Äußerungen verurteilen, empfehle ich erneut, Stefan Zweig zu lesen. Sein Porträt über diese Frau ist sehr erstaunlich und entwirft ein ganz neues Bild von ihr. Von mir bekommen Sie aber das Bild dieses Schuhs und ein Rezept von damals. Sie müssen allerdings vorher wissen, dass Marie-Antoinette für damalige Verhältnisse keine große Esserin war und es gerne einfach hatte.

Jeden Tag wurde folgende Reihenfolge auf ihren Tisch gebracht:

2 Hauptspeisen (meistens Fleisch) — 12 Vorspeisen (kleine Filets oder Kalbsnuss oder Geflügel) — 4 Braten (Wildschwein, Hase) — 2 mittelgroße Zwischenspeisen (pastetenähnlich, oft in Verbindung mit Fleisch) — 14 kleine Zwischenspeisen (Eier, Gemüse, verschiedene Beilagen) — 2 verschiedene Kuchensorten ... Sie sind mir bestimmt dankbar, dass ich Ihnen nicht alles zumute und deshalb nur folgende Gerichte für Sie ausgesucht habe:

Pochierte Eier mit Kaviar und Kartoffeln

4 schöne große Kartoffeln
4 sehr frische, große Eier
140 g Kaviar (Lachskaviar geht auch)
100 g Sahne
1/2 TL Salz
Schnittlauch, fein geschnitten

Die Kartoffeln einzeln in Alufolie einwickeln und im vorgeheizten Ofen etwa 30 Minuten bei 200 °C backen. Wenn sie nicht mehr so heiß sind, längs einen »Hut« abschneiden und sehr vorsichtig die Hälfte des Fleisches entfernen, ohne die Kartoffel zu beschädigen. Mit etwa 30 g Kaviar füllen. In der Zwischenzeit haben Sie die Eier pochiert und legen nun auf jede Kartoffel ein lauwarmes Ei. Die Sahne steif schlagen, mit Salz und Schnittlauch mischen und jedes Ei damit garnieren. Sofort servieren!

Wie Sie sicherlich wissen, ist Marie-Antoinette sehr gerne in den *petit Trianon* geflüchtet, wo der König ihr alle Freiheiten gönnte. Sie konnte dort bestimmen, wer wann kam, wo, was, wann gegessen wurde, und das vor allem ohne Rücksicht auf die Etikette. Zum Beispiel wurden die Getränke in Gläsern serviert, die einfach auf den Tisch gestellt wurden. In Versailles servierte man jedes Glas in einem kleinen goldenen Eimer mit Eiswürfeln. Die folgende Speise wurde oft auf ihren Tisch gebracht:

Quiche mit Schafskäse

Teig:

100 g Mehl
3 EL Erdnussöl
2 EL Wasser
1 Prise Salz
50 g Butter

Füllung:

120 g Feta aus Schafsmilch
1 Becher Joghurt aus Schafsmilch
3 Eier
3 EL Crème fraîche
Salz und Pfeffer
6 Blätter frische Minze

Für den Teig alle Zutaten in der Küchenmaschine miteinander verrühren. Wasser hinzufügen (nach Bedarf). Den Teig auf der Arbeitsplatte ausrollen und in eine gebutterte Quicheform legen. **Für die Füllung** Feta, Joghurt, Eier, Crème fraîche, Salz, Pfeffer und Minze mit dem Schneebesen verrühren. Auf den Teig geben und im vorgeheizten Ofen (150 °C) 45 Minuten backen. Sofort servieren. Es wurde damals wenig Salat gegessen, doch – Marie-Antoinette oder nicht – Salat passt gut dazu.

Eine kleine Tasse und eine kleine Krokette

Jedes Mal, wenn ich meine Eltern besuche, gibt es bestimmte Rituale; manche sind sehr angenehm, andere nicht zu ertragen. Da ich Sie nicht mit meinen familiären Problemen überstrapazieren möchte, widme ich mich den schönen Ritualen.

Das eine habe ich bereits angesprochen: Es ist die Pflege meiner Leidenschaft für Unterwäsche; und jedes Mal schenkt mir meine Mutter eine neue Garnitur, und da ich im Durchschnitt alle sechs bis acht Wochen nach Frankreich fahre, können Sie sich unschwer vorstellen, wie groß meine Sammlung inzwischen ist! Ich genieße Dessous so sehr, dass ich überlegt hatte, meinen Lebensunterhalt damit zu organisieren (nein, nicht als Modell! Hilfe!). Aber die Marken, die ich mag, haben feste Händler und verbieten jede private Initiative. Also begnüge ich mich damit, Aubade, Lise Charmel, Simone Perèle, und wie sie alle heißen mögen, zu tragen und nicht zu vermarkten.

Ein anderes Ritual bezieht sich auf den Riesenfundus von schönen Gegenständen in der elterlichen Wohnung. Einige Erbschaften und wenige Kinder haben es ermöglicht, dass vieles bei meinen Eltern gelandet ist, und ich darf mir jedes Mal einen Gegenstand aussuchen. Am Anfang habe ich mich dagegen gesträubt, ich wollte meine Eltern nicht berauben, aber nach und nach habe ich festgestellt, wie wichtig es mir ist, Teile meiner Wurzeln hier zu Hause in München zu haben; so hat sich eine gewisse Kollektion sehr alter, schöner, origineller Objekte gebildet. Und jedes hat eine besondere Geschichte, manche kenne ich, manche errate ich. Auf diese reizvolle kleine Tasse habe ich schon lange ein Auge geworfen, sie ist so zart und winzig, so delikat und farbenfroh, die Motive, die Farben, alles deutet darauf hin, dass sie aus der Ära Napoleon des III. stammt. Die Farbe Gelb sowie die Streifen waren sehr modern, und es gehörte damals zum guten Ton, den Gästen Mokka anzubieten.

— Wie viel erlebt eine Tasse, bis sie zu mir kommt?
— Wie viele Münder, geschminkt oder nicht, haben Spuren an ihrem Rand hinterlassen?
— Was hat sie alles gehört, gerochen, gesehen?

Ich würde es so gerne erfahren. Aber wohin führt mich diese Tasse? Wieder zu einem Rezept dieser Zeit, das ich oft zubereite:

Kartoffel-Kroketten »Duchesse«

800 g mehlig kochende Kartoffeln
80 g Butter
3 kleine oder 1 großes Eigelb
das zugehörige Eiweiß, leicht geschlagen
Salz, Pfeffer, Muskatnuss
Mehl
1 EL Öl
Semmelbrösel
Öl zum Frittieren

Wie für ein Püree die geschälten Kartoffeln in Salzwasser sehr weich kochen, pürieren und mit der Butter vermengen. Ein Eigelb nach dem anderen hinzufügen und mit Salz, Pfeffer und frisch gemahlener Muskatnuss würzen. Drei Suppenteller nehmen und je einen mit Mehl, einen mit geschlagenem Eiweiß (muss noch flüssig und schaumig und mit dem Öl vermischt sein) und einen mit Semmelbröseln füllen.

Das Püree zu kleinen Kugeln formen und erst in Mehl, dann in Eiweiß und schließlich in Semmelbröseln wälzen. Die wahre Form der Kroketten wäre »kleine Korken«; da ich aber zwei linke Hände habe, weder nähen noch stricken noch zeichnen oder basteln kann, bin ich sehr glücklich, überhaupt Kugeln hinzukriegen. Ihrer Fantasie oder Kunstfertigkeit sind keine Grenze gesetzt. Die Kugeln in sehr heißem Öl ausbacken (etwa 2 Minuten, nicht länger, sonst saugen sie sich voll) und auf Küchenkrepp abtropfen lassen. Auf einer vorgewärmten Platte (wenn möglich aus dieser Zeit stammend …) servieren! Wie so oft haben für uns scheinbar banale Speisen eine noble und Ehrfurcht gebührende Herkunft!

Der Tod und das Mädchen und der Cake

Der Regen fiel unablässig auf die glatten Dächer der kleinen Provinzstadt in der Nähe von Paris. Der Herbst war früh dran in diesem September, der Wind blies wie im November und bewegte die noch grünen Blätter der Bäume. Ein großes hölzernes Tor schützte Haus und Garten vor den Blicken der Passanten. Meine Mutter war gerade in ihrem Zimmer und las »Le rouge et le noir« von Stendhal. Es läutete, und sie reagierte zunächst nicht. Schließlich war ihr Vater im Garten und die Haushälterin in der Küche, sie brauchte nicht die Treppen runterzugehen. Als es dann aber immer wieder läutete, ging sie runter, rannte zum Tor und öffnete. Ein großer Mann, umhüllt von einem glänzenden Regenmantel und mit einem breitkrempigen Hut, bat um Eintritt. Mit den Augen suchte sie nach ihrem Vater, fand ihn aber nicht. Da es immer heftiger regnete, bat sie den Fremden herein und führte ihn ins Haus. Er sagte, er sei ein alter Freund ihres Vaters, sei auf der Durchreise und wolle nur kurz vorbeischauen. Er war durchnässt und sie half ihm aus dem Mantel. Dann setzte sie Wasser auf und bereitete in der schönen Silberkanne, die jetzt bei mir steht, einen Earl Grey. Der Mann war wortkarg und meine Mutter fühlte sich zunehmend unwohl in der Gegenwart dieses düsteren Fremden. Sie ging abermals in den Garten, wo sie endlich ihren Vater fand. Er war aber mit der Pflege eines kranken Pferdes beschäftigt – er war Veterinär, wie Sie inzwischen wissen – und bat sie, sich kurz mit dem Mann zu unterhalten, er käme gleich nach. Fluchend, aber wissend, dass von ihrem Vater keine Widerrede geduldet wurde, ging sie wieder in die Küche. Mittlerweile kochte das Wasser, sie goss den Tee auf, deckte den schweren dunklen Tisch mit Tassen und Tellern und suchte den leckeren Cake, den die Haushälterin gerade gebacken hatte. Sie setzte sich zu dem Mann, der sie unvermittelt nach ihrem Geburtsdatum fragte; 22. Juni 1922, sagte sie, ziemlich überrascht. Er holte einen Bleistift sowie ein kleines Taschenmesser aus seiner Anzugjacke heraus und fing in aller Ruhe an, den Stift zu spitzen. Die fliegenden Holzspäne ließ er auf den Boden fallen. Dann nahm er ein kleines Buch und ein Heft aus der anderen Tasche. Er fing an, in dem Buch zu blättern und hektisch zu zeichnen und zu schreiben. Er schenkte meiner Mutter keinen Blick, sie stand da mit ihrer Tasse Tee und ihrem Kuchen und kam sich total blöd vor. Sie trank und aß, und es war nur das Rühren ihres Löffels in der Tasse zu hören. Endlich hob er den Kopf und schaute sie mit durchdringenden blauen Augen an; er sprach von Mars und von Neptun, von den vier Elementen und in gleichförmigem Ton kündigte er ihr ihren Tod per Mord an. Wir schrieben das Jahr 1938, meine Mutter war gerade 16 und, von Kriegsrumoren abgesehen, barg ihr Leben keine Gefahr – bislang. Fassungslos schaute sie ihn an, als ihr Vater reinkam und dem Gespräch, oder besser gesagt der Vorhersage, ein Ende setzte. Der Fremde tat so, als ob nichts geschehen wäre, klopfte herzlich auf die Schulter meines Großvaters und plauderte los, als sei es das Normalste der Welt, der jungen Tochter eines Freundes den Tod anzukündigen! Meine Mutter blieb am Tisch sitzen, in Gedanken versunken, bis sie vernahm, dass der Ton der beiden Männer aggressiver klang. Sie hob den Kopf, als der Mann sagte: »Roger, ich weiß, dass du wie der Heilige Thomas bist und nur das glaubst, was du siehst, dann wirst du das glauben!« Daraufhin stand er auf, räumte alle Teller, Silberkanne (Gott sei Dank!) und Kuchen vom Tisch, positionierte seine Hände flach oberhalb der Fläche des Tisches – etwa 15 cm – und schloss die Augen. Nach ein paar Sekunden hob sich der Tisch vom Boden, der Mann bewegte die Hände nach oben, bis der Tisch ungefähr einen Meter über dem Boden schwebte. Dann öffnete er die Augen und der Tisch fiel auf den gefliesten Boden und brach entzwei. Einige Kacheln am Boden bekamen einen Riss. Alle standen sprachlos um den gebrochenen Tisch – es muss gesagt werden, dass dieser Tisch normalerweise nicht von einem Mann bewegt werden konnte. Es mussten immer mein Großvater und der Hausdiener anpacken, um ihn zur Seite zu schieben. Ohne weitere Worte holte der Mann seinen Mantel und verließ das Haus ohne Abschied, Entschuldigung oder Erklärung. Mein Großvater beschloss, es gäbe bestimmt einen Trick dabei, war sauer auf den Freund, den Tisch, die Kacheln und die Tatsache, dass der Cake alle war! Dabei bemerkte er nicht, wie seine Tochter erstaunlich still war und schnell in ihrem Zimmer verschwand. Dieser Cake war folgender:

Le Cake de Clothilde

1 Tasse (Teetasse) Crème fraîche
1 Tasse Zucker
1 Päckchen Vanillezucker
2 Eier
2 Tassen Mehl
1 Päckchen Backpulver
1 Tasse Rosinen und andere kandierte Früchte, klein gehackt (Kirschen, Orangeat, Zitronat ...), in warmem Wasser und Rum eingeweicht

Den Backofen auf mittlere Hitze vorheizen. Crème fraîche mit Zucker und Vanillezucker vermischen. Die zwei Eier hinzufügen und gut einarbeiten. Gesiebtes Mehl, Backpulver und Früchte unterheben, in eine gebutterte Form einfüllen und bei mittlerer Hitze 30 Minuten goldgelb backen. Dieser Kuchen bringt kein Unglück!

Keine Froschschenkel und Mexiko

Es war, als ich eine ganz gewöhnliche, alltägliche Bewegung machte, dass ich es sah: Ich war gerade aus dem Schlafzimmer gekommen, am Spiegel vorbei zu dem Schrank, wo ich meine mittlerweile fast alle zu klein gewordene Unterwäsche aufbewahre, als etwas mich zum Spiegel zurückführte. Ich schaute hin, ganz genau. Oberhalb der Knie, nicht nur Falten, sondern Dellen, das Innere der Schenkel nicht mehr eine glatte, lange Form, sondern eine schwammige Kontur, meine Beine ähneln der Motorhaube eines von Hagel gebeutelten Fahrzeuges.

Es musste unbedingt etwas geschehen, um die Rettung restaurierungswürdiger und ehemaliger Kunstwerke zu starten.

Und seitdem habe ich ein striktes Programm – vor allem ich und strikt: Jeden Vormittag 20 bis 30 Minuten auf den Home-Trainer, danach Rubbelmassage in der Dusche mit anschließendem eiskaltem Abbrausen (nur auf die Schenkel, bin schließlich nicht verrückt geworden!) und dreimal die Woche Fangopackung: Oberschenkel in Plastikfolie eingewickelt, mit dem Ergebnis, dass die Dusche, der Badteppich, etliche Badetücher und mein Bademantel danach in die Wäsche gehören – ich kann aber schlecht nackt mit dunkelgrün eingewickelten Beinen rumlaufen, oder? Stellen Sie sich vor, es läutet jemand an der Tür. Ist mir schon passiert! Ich kam aus der Dusche und erwartete den Besuch einer Freundin. Als es läutete, machte ich auf, und siehe da, der Briefträger. Wir wurden beide knallrot und er fragte lediglich: »Haben Sie einen Stift, um hier zu unterschreiben?«

Sie werden denken, sie hat aber Sorgen! Na gut, ich werde keine Marmelade daraus machen, oder ein Riesentheater. Aber davon hängt es ab, ob ich den ganzen Sommer über in Hosen rumlaufe oder mit Minirock und Strumpfhosen bei 28 °C. Es steht viel auf dem Spiel!

Und deshalb verlasse ich Sie jetzt, weil ich aufs Rad muss. Vorher aber, wie meistens, etwas Leckeres zwischen die Kiemen, denn das lasse ich mir nicht nehmen:

Filetstücke auf mexikanische Art

800 g Rinderfilet, in dünne Streifen oder Scheiben geschnitten
(leicht angefroren lässt es sich mühelos machen)
5 Knoblauchzehen, zerdrückt
1/2 TL Pfeffer, frisch gemahlen
gemahlener Kreuzkümmel (siehe Glossar)
1 1/2 TL Salz
2 EL Pflanzenöl
200 g Zwiebeln, fein gehackt (Schalotten oder rote Zwiebeln)
1 kg reife Tomaten, enthäutet und fein gehackt
4 grüne Chilischoten, fein gehackt oder 2 eingelegte chipotles
(siehe Glossar, im mexikanischen Geschäft erhältlich)

Filetstücke mit 3 Knoblauchzehen, Pfeffer, Kreuzkümmel (Menge nach Geschmack) und 1 TL Salz würzen, vermischen und mindestens zwei Stunden im Kühlschrank ziehen lassen.

In einer großen Pfanne das Öl erhitzen und die Zwiebeln darin glasig anschwitzen. Die restlichen Knoblauchzehen und das Fleisch hinzufügen. Bei starker Hitze das Fleisch unter Rühren anbraten. Tomaten, Chilis und restliches Salz hinzufügen. In der offenen Pfanne bei mittlerer Hitze garen, bis die Sauce eingedickt ist. Am besten Tortillas dazu servieren.

Lucas und Lotte

Was bedeutet es, mit bald, sehr bald – ganz genau in 16 Tagen! – 50 Jahren ein 9-jähriges Kind zu haben? Es bedeutet, dass Sie die Roller Blades Ihrer Tochter anschnallen, um mit ihm durch den Wald zu keuchen; es bedeutet, dass – obwohl Sie seit Stunden eine wunderbare *sauce américaine* für die Lotte köcheln, trotzdem eine Tomatensauce für seine Spaghetti zubereiten; es bedeutet, dass Sie viel lieber dieses wunderbare Buch von Pascal Mercier lesen würden, aber mit ihm im Schwimmbad inmitten schreiender Kinder und überfürsorglicher Mütter planschen; es bedeutet, dass er seinen Kopf an Ihren Bauch schmiegt und flüstert: *Je t'aime maman;* es bedeutet, dass er gerne mit Ihnen in die Badewanne steigt und Sie fragt, ob Sie schwanger sind (!); es bedeutet, dass er permanent über Fußball (sicherlich Ihre heimliche Leidenschaft) und Ballack, und wie sie alle heißen, redet und er das einzige Mitglied der Familie ist, das sich über die WM freut – was nach sich zieht, dass der Fernseher während der gesamten WM sein Eigentum sein wird! Es bedeutet, dass er besser mit Ihrem Computer umgehen kann als Sie. Es bedeutet, dass Sie vor Rührung weinen könnten, wenn er stolz ankündigt, er hätte dieses Mal lediglich 5 »Feder« im Diktat anstatt der üblichen 24. Es bedeutet, dass er die Tigermutter in Ihnen weckt, und wenn er schläft, ganz nah an Ihnen, in vollem Vertrauen, mit regelmäßigem Atem, wissen Sie, dass Sie jeden, der ihm wehtut, mit eigenen Händen umbringen. Und so ist es bei mir auch. Seine blasse Haut, so weiß, dass sie fast durchschimmernd ist, lässt zarte blaue Venen erraten, seine Lippen sind so rot, dass es aussieht, als würde er permanent Erdbeeren oder Kirschen schlemmen, seine Augen sind so dunkelblau, dass ich mich in seinem Blick verlieren kann, sein Haar ist so blond und lockig, dass ich mich zurückhalten muss, um ihn nicht kontinuierlich zu küssen. Er hat die Fähigkeit, uns alle innerhalb von zwei Sekunden auf die Palme, aber genauso schnell zum Schmelzen zu bringen. Vielleicht ist er der Grund, weshalb der gefürchtete Geburtstag doch nicht so schlimm sein kann! Es ist nur eine Zahl, er dagegen ist eine tägliche Realität, eine wunderbare noch dazu!

Möchten Sie das Rezept für die *sauce américaine* haben? Ich kenne nicht den Grund für ihren Namen, aber es ist eine der köstlichsten, aber auch aufwendigsten Sauce für einen edlen Fisch … am besten für den Seeteufel.

Lotte à l'américaine

Seeteufel in amerikanischer Sauce

Sie brauchen einen ganzen Seeteufel – am besten vom Fischhändler gehäutet und entgrätet. Sonst ist es auch ziemlich einfach, es selber zu machen: Die schwarze Haut am Mittelknochen entlang – der Fisch ist grätenlos und hat lediglich diesen Mittelknochen – aufschlitzen und abziehen. Achtung: Unter dieser schwarzen Haut ist ein durchsichtiges Häutchen. Meistens geht dieses mit der schwarzen Haut weg. Wenn nicht, muss es jedoch unbedingt entfernt werden, es gibt dem Fleisch einen unansehnlichen Anblick. Die zentrale dicke und runde Gräte kann dann mühelos entfernt werden. Die zwei entstandenen Filets ganz lassen.

4 EL Öl
2 weiße Zwiebeln, fein geschnitten, 3 große Schalotten, fein geschnitten
4 Knoblauchzehen, fein gehackt
300 g frische reife Tomaten, enthäutet und grob geschnitten
1 EL Tomatenmark, 1/2 l trockener Weißwein
6 EL Fischfond (siehe Glossar)
1 Bouquet garni, 1 Lorbeerblatt, Salz, Pfeffer
4 EL Cognac (manche ziehen Madeira vor)
2 Zweige Estragon, Cayennepfeffer,
100 g Butter, zimmerwarm
1/2 Becher Crème fraîche, zimmerwarm
Beilage: Reis oder Pilaw-Reis

In einer großen Pfanne das Öl erwärmen und zunächst nur die Zwiebeln anbraten. Sobald diese glasig werden, Schalotten und den Knoblauch hinzufügen, bis sie weich werden. Nicht bräunen lassen! Die Tomaten, das Tomatenmark, den Weißwein und den Fischfond hinzufügen, dann das Bouquet garni, das Lorbeerblatt, Salz und Pfeffer. Den Fisch in die warme Sauce legen und sehr kurz mitdünsten (höchstens 8 Minuten). Herausnehmen, auf einen Teller legen und mit Alufolie abdecken. Die Sauce auf sehr kleiner Flamme schmoren lassen, bis die Tomaten breiig sind. Die Hitze wieder erhöhen und den Cognac hinzufügen. Bis zum Siedepunkt bringen und flambieren. Dann Estragon und Cayennepfeffer hinzufügen. Hitze wieder reduzieren. Die Sauce schnell im Mixer pürieren, wieder auf den Herd stellen. Die Butter *peu à peu* in die Sauce rühren, dann erst die Crème fraîche. Abschmecken. Den Fisch in große Stücke schneiden und kurz in der Sauce erwärmen. In eine vorgewärmte Servierschüssel geben und mit dem dampfenden Reis servieren. Es ist ein köstliches Gericht … und so etwas Gutes habe ich in Amerika niemals gegessen!

Ein Traumurlaub und Monsieur Parmentier

Als ich klein war, gingen meine Eltern während des Sommerurlaubs auf Reisen. Und die Frage war jedes Mal: Wohin mit Nathalie? Lange Autofahrten riefen Übelkeit hervor, und die ewigen Streitigkeiten zwischen meinen Eltern waren nicht gerade ideal für den Urlaub, ich hatte das schon das ganze Jahr über. Also fand meine Mutter eine Adresse auf einem benachbarten Berg, wo ich mit vielen anderen Kindern spielen könnte! Gute Idee für ein Einzelkind wie mich, schüchtern, zurückgezogen, rothaarig, etwas sonderbar.

Kaum waren wir dort angekommen, schon hasste ich den Ort, die Heimleiterin, die anderen Kinder, das Haus, die Bäume, die Berge. Ich flehte meine Mutter an, mich nicht hierzulassen, mich sofort nach Hause mitzunehmen. Ich sehe heute noch, wie meine Mutter an diesem Tag angezogen war: Sie trug einen dunkelbraunen Wildledermantel, an der Taille mit einem Gürtel geschnürt, seidene, durchsichtige Strumpfhosen und hochhackige, dunkelbraune Wildleder-Pumps; weshalb ich es noch vor mir sehe, ist, weil ich ihr nachgerannt bin und nur noch ihre sehr schönen und schlanken Waden (hat sie heute noch! Mit 83 Jahren!) um die Ecke biegen sah, der Mantel bewegte sich geschmeidig um ihre Oberschenkel, und sie beschleunigte ihren Schritt ganz energisch.

Ich blieb in Tränen zurück, wurde von einer zuckersüßen Heimleiterin, Madame Chabert, in die Arme genommen und zu den anderen unglücklichen Monstern geführt. Es wurden die drei grausamsten Wochen meines Lebens, wir schliefen in Riesensälen mit 20 Stahlbetten, wir mussten jeden Fraß aufessen, und sie ließen uns bis tief in den Nachmittag am Tisch sitzen, ganz allein, bis nichts mehr auf dem Teller übrig war; wir mussten stundenlang in den Bergen spazieren gehen – seitdem hasse ich Spaziergänge, lebenslang. Und: Wir mussten alles teilen.

Eines Tages bekam ich Besuch von meinen lieben Großeltern aber unsere Horde unglücklicher Kinder war schon wieder beim Spazierengehen! Somit verpasste ich sie. Sie hatten mir meine Lieblingssüßigkeiten mitgebracht: wunderschön geformtes Obst und Gemüse aus zartem Marzipan! Eine ganze Tüte! Aber es wurde von mir verlangt, dass ich erst mit den anderen teile, und als ich an der Reihe war, war keins mehr übrig. Ganz heiße Tränen stiegen mir in die Augen, der Tag war zu viel gewesen; noch dazu hatte man mir kleine Accessoires von meiner Puppe gestohlen und ich wollte abhauen. Ich überlebte die drei Wochen, meine Eltern holten mich endlich ab und schauten zufrieden auf ihre Brut. Ich, die Spindeldürre, hatte 3 Kilo zugenommen, daraufhin beschloss meine Mutter: »Nächstes Jahr kommst du wieder her!« Ich flehte sie an, weinte, sagte, es käme überhaupt nicht infrage, aber sie glaubte nicht alles, was ich ihr erzählte! Als einzigen Kompromiss bot sie mir an, beim nächsten Mal eine kleine Freundin mitnehmen zu dürfen.

Ich willigte ein und suchte Dominique aus. Sie war kein Einzelkind, hatte drei weitere Geschwister und war eine Süße, Sanfte. Also – einen Sommer später – fuhren wir wieder hin, ich hatte kein gutes Gefühl und hegte heftigen Groll gegen meine Mutter. Es wurde eine weitere Katastrophe! Ich musste Dominique schützen, ihre Sanftheit war nicht erwünscht in diesem Heim, sie wurde gehänselt; ich beschimpfte die anderen, so mutig wie ich konnte. Sie wurde so unglücklich, dass sie eines Nachts ins Bett machte, und zwar groß! Alle haben es gerochen, gewusst! Es war ein Fiasko.

Als meine Eltern uns wieder abholten, sagte ich: »Ich nehme mir das Leben, wenn ich wieder hierher muss«. Es wurde endlich eingesehen. Ich habe schon erwähnt, dass das Essen eine einzige Zumutung war, dabei wäre es wirklich nicht schwierig gewesen, für uns etwas Einfaches, Anständiges auf den Tisch zu bringen wie zum Beispiel:

Hachis »Parmentier«

Hackfleischauflauf

Ein sehr einfaches, bodenständiges Gericht, von allen Kindern geliebt und von Herrn Parmentier im Jahr 1785 in Versailles eingeführt (wenn ich mich an die wahre Geschichte halte, ist nicht dieses Gericht, sondern die Kartoffel als Gemüse eingeführt worden!). Wollen Sie kurz die Geschichte hören? Die Kartoffel kam aus Amerika; Parmentier war Agronom und hatte Zutritt zum Hof Ludwigs des XVI. Er war so begeistert von diesem Gemüse, dass er entschied, es dem König höchst persönlich vorzustellen. Und zwar nicht das Gemüse, sondern einen ganzen Kartoffelblumenstrauß: Kleine zart-lila Blumen und das bei einer großen Feier. Der König war begeistert und forderte ihn auf, das Gemüse anzubauen!

1 große Zwiebel, fein gehackt
2 EL Pflanzenöl
2 Knoblauchzehen, zerdrückt
1 kg Rinderhack (oder Bratenreste)
1 TL getrocknete Kräuter der Provence
1 EL Tomatenmark
500 ml Fleischbouillon
1 kg mehlige Kartoffeln, geschält, in Salzwasser weich gekocht
50 g Butter
Muskatnuss
Butter, sehr weich
Salz, Pfeffer

Die Zwiebel in Pflanzenöl glasig dünsten, den zerdrückten Knoblauch und das Fleisch hinzufügen. Auf allen Seiten anbraten, mit Salz und Pfeffer würzen, Kräuter der Provence darüberstreuen, alles gut vermengen. Das Tomatenmark hinzufügen und mit der Hälfte der Bouillon aufgießen. Das Ganze etwa 45 Minuten sanft schmoren lassen, dabei immer wieder rühren. Das Hackfleisch in einer Gratin-Form glatt streichen. Die Kartoffeln wie für *croquettes* vorbereiten (stampfen, mit Butter, Salz, Pfeffer und Muskatnuss würzen) und mit der restlichen Bouillon vermengen. Darauf achten, dass das Püree nicht zu weich wird, eher butterig, es muss aber noch am Löffel kleben bleiben. Den Kartoffelbrei auf dem Fleisch verteilen, mit Butter bestreichen. Die Form für etwa 20 Minuten in den Backofen schieben, bis die Kartoffeln golden sind. Wir hätten uns so gefreut!

Tequila-Exzess und Ayurveda

Stellen Sie sich vor, Sie werden vom obsessiven Läuten des Telefons geweckt, stellen Sie sich vor, Sie erkennen das Zimmer nicht, in welchem Sie liegen, stellen Sie sich vor, Sie sind nackt im Bett, und stellen Sie sich vor, Sie sind nicht alleine, sondern es liegt ein Mann in Ihrem Bett, eine vollkommene Mischung aus Robert Redford und Paul Newman als jüngere Männer, also ein Butch-Cassidy-Sundance-Kid-Cocktail, stellen Sie sich vor, dieser Mann ist Ihr Vorgesetzter aus Amerika, stellen Sie sich vor, Sie sehen neben dem Bett einen komischen Haufen liegen, und das sind Ihre Kleider – mit Erbrochenem bedeckt –, und stellen Sie sich vor, Sie haben einen Schädel, der breiter als das große Bett ist, und stellen Sie sich vor, sie haben null Erinnerungsvermögen. So was ist mir vor genau 14 Jahren passiert, hat mich fast meine Ehe gekostet; dabei ist es die reine Wahrheit, aber diese ist meistens nicht glaubhaft! Das obsessive Läuten war ein Anruf von unserem Oberguru aus Amerika! Der Mann neben mir, der Dave heißt, gab mir Zeichen, ich möge ruhig bleiben und mir keine Sorgen machen.

In »James Bond« ruft immer der Oberste an, wenn James gerade dabei ist, seine Männlichkeit zu beweisen, aber nicht während er eine Verstörte beruhigt! Ich soll mir keine Sorgen machen? Ich dachte, mein Mann wird mir nie glauben, ich habe meine Karriere ruiniert und die einzige Chance meines Lebens mit so einem fantastisch aussehenden Mann intim zu werden, vollkommen vermasselt! Und was wird er gedacht haben? Und was sage ich meinem Mann? Ich zog mich sehr widerwillig an, die Kleider waren ekelerregend, ich nahm ein Taxi nach Hause – erbrach mich weiterhin während der Fahrt bei offenem Fenster und unter den Flüchen des Taxifahrers, der sich trotz königlichen Trinkgeldes nicht beruhigen ließ, öffnete die Tür, um meinen Mann zu finden, der gerade dabei war, die Polizei anzurufen. Er ließ sich durch meine konfusen, aber ehrlichen Aussagen nicht beruhigen, verließ türknallend die Wohnung und überließ mich meinem Riesenkater. Drei Tage lang lag ich im Bett und übergab mich immer wieder. Alkoholvergiftung wegen einer halben Flasche Weißwein, gefolgt von vier Tequilas mit Limone und Salz. Ich habe seitdem nie mehr das Wort Tequila in den Mund genommen, geschweige denn ihn getrunken, kann es sogar nur mit Mühe niederschreiben. Ich bin noch mit meinem Mann zusammen, und die ganze Familie ist mit Dave und seiner Frau befreundet. Das nennt man Toleranz *I suppose!* Ein paar Tage nach dieser »schandhaften« Nacht bat ich ihn, mir zu erzählen, was wirklich vorgefallen war. Er sagte: »Ok, damit du Ruhe gibst, aber danach werden wir nie wieder darüber reden.« Und er erzählte und erzählte, und ich erzähle es Ihnen nicht weiter, und auch sonst niemandem. Mein Gott! Du hast mich in jener Nacht verlassen! Diese Stunden haben mich drei Kilo gekostet, das eiserne Schweigen meines Mannes habe ich für eine Woche lang ertragen müssen und die sehr neugierigen Blicke meiner damals sehr kleinen Kinder. Gott sei Dank hatte ich eine Babysitterin für diese drei »agonisierenden« Tage, aber außer Pizza konnte sie partout nicht kochen. Dabei hätte ich nur ein bestimmtes Getränk gebraucht, ein Heilmittel gegen Kopfschmerzen, Übelkeit usw.:

Kardamom-Tee

1 große Zimtstange
3 Kapseln schwarzer Kardamom, aufgebrochen und die Samen im Mörser zerdrückt
2 Kapseln grüner Kardamom, aufgebrochen und die Samen im Mörser zerdrückt
4 Safranfäden (siehe Glossar), in etwas heißem Wasser eingeweicht
1 TL schwarzer Tee

Zimt, schwarzen und grünen Kardamom in kaltes Wasser legen. Dieses Wasser viermal aufkochen. Beim fünften Mal den Safran samt Einweichwasser eingießen, den Tee zugeben. Alles kurz ziehen lassen und sehr, sehr heiß trinken, in kleinen Schlückchen. Es hilft wirklich gut, da Kardamom die Gefäße erweitert!

Adam und seine Äpfel

Ich hatte beschlossen, die Rückkehr in das Ehebett anzutreten, sonst kann ich ja gleich ganz ausziehen! Ich schlief auch sehr friedlich ein, um wenig später hochzufahren. Ein gutturales Röcheln und nasales Pfeifen in allen Tonlagen machten meinen Wunsch auf eine ruhige Nacht zunichte. Ich versuchte, die längst erprobte Methodik des ihm auf den Senkel gehenden Zungenschnakselns, des sanften Schlagens, vergebens. Ich erlangte zwar eine Änderung der Schlafposition, aber es wurde nun ein gutturales Pfeifen und nasales Röcheln. Angeblich – so eine Freundin – liegt das Schnarchen am Abschlaffen des Adamsapfels! Wie bitte? Der soll auch abschlaffen können?

Zum einen habe ich nie begriffen, wofür dieses Teil gut war, zum anderen habe ich nie bemerkt, dass es in gespanntem Zustand war! Also, wie kann es abschlaffen? Und das bedeutet auf jeden Fall, dass, während er ausschläft, mein Schlaf vorbei ist. Und was hat Adam überhaupt damit zu tun, bitte schön? Er hat uns schon genügend Ärger eingebracht, es muss nicht noch das dazukommen! Und jetzt stehe ich vor einem Problem. Soll ich meine Nächte damit verbringen, vom Ehebett – um meinen guten Willen zu bezeugen – in das Kinderbett zu ziehen, um meinen Schlaf zu finden?

Ich habe bislang keine Antwort darauf, es wird sich schon was ergeben. Und von wegen Eva sei die Versuchung, oder war das der Apfel? Bei dem nächtlichen Getöse bleibt weniges von Versuchung oder Verführung übrig. Hat Adam geschnarcht? Oder gar Eva? Egal, was sie damals in diesem Garten getrieben haben oder nicht, egal, ob dieser Apfel abschlaffen kann oder nicht, ich habe keine ruhige Nacht mehr. Eigentlich kenne ich viele Apfelrezepte: Apfelkuchen, Apfelkrapfen, Apfel-Charlotte, gefüllte Äpfel mit Mandeln und Honig, Äpfel als Beilage zu Leber mit Himbeeressig oder zu französischer Blutwurst ... aber genug von Äpfeln, oder? Lieber bereiten wir ein Maronensoufflé:

Maronensoufflé mit Schokoladensauce

Soufflé-Masse:

1 Dose Maronenpüree à 500 g (siehe Glossar)

3 Eier, getrennt

100 g Raspelschokolade (nach Belieben)

Schokoladensauce:

200 g bittere Kuvertüre

2 EL Grand Marnier oder Cointreau

1 Becher Schlagsahne

Den Backofen auf 160 °C (Umluft) vorheizen.

Das Püree in die Auflaufform füllen und mit dem Eigelb gründlich vermischen. Gegebenenfalls die Raspelschokolade hinzufügen. Das steif geschlagene Eiweiß vorsichtig und langsam darunterheben.Das Soufflé 20–25 Minuten backen, bis die Oberfläche leicht gebräunt ist.

In der Zwischenzeit die Schokolade mit dem Alkohol im Wasserbad langsam schmelzen lassen und immer wieder mit einem Holzlöffel rühren. Sollte die Masse nicht glatt genug sein, kann man etwas Butter darin zerlassen. Die Schlagsahne steif schlagen.

Wenn das Soufflé fertig ist, mit Puderzucker bestäuben und sofort mit der Schokoladensauce und der Sahne servieren. Wenn es besonders hübsch ausschauen soll, kann man das Soufflé in kleinen Soufflé-Förmchen backen, aber da verkürzt sich die Backzeit (um etwa 10 Minuten). Auch die Menge für vier Förmchen ist geringer als für die traditionelle Auflaufform. In diesem Fall werden Sie nur knapp über die Hälfte der Soufflé-Masse benötigen.

Dieser einfache Nachtisch ist sehr effektvoll und schmeckt genial.

Der Royalist und Impératrice-Reis

Meine beiden Großväter hatten einiges gemeinsam: einen düsteren Charakter, ein autoritäres, aristokratisches, beeindruckendes Aussehen und politische Ansichten, die zu Wünschen übrig ließen.

Der Veterinär war ein sehr angesehener Mann, er stand immer zur Verfügung, war geduldig und sanft zu den Tieren, war ein hervorragender Chirurg und wandte damals schon als erster Tierarzt Homöopathie für Kühe und Pferde an. Er fuhr entweder mit dem damals fast einzigen Auto der Kleinstadt zu den Bauern oder ritt dort hin. Frankreich war damals unter einer sozialistischen Regierung, die sich bemühte, den Franzosen ein besseres Lebensniveau zu ermöglichen. Es gelang zunächst auch. Eine der damaligen Initiativen seitens der Regierung war die Installation des »Office du Blé«, das vorgab, dass der Getreidepreis sich nach den Lebenshaltungskosten richten sollte, was zunächst den Bauern viel Geld brachte.

Doch dann wurden die Preise so in die Höhe getrieben, dass Frankreich nichts mehr ausführen konnte, das Geld verlor an Wert, und die Katastrophe war vorhersehbar. Sehr vereinfacht ausgedrückt! Und während Roger, der Veterinär, ein Pferd pflegte, eine Kuh untersuchte oder beim Kalben half, sprach er unablässig auf die Bauern ein, was ihnen blühen würde, wenn sie weiterhin links wählen, sie sollten nur auf Russland schauen usw. ... die Bauern ließen ihn reden, er war großzügig, bekam oft keine Zahlung für seine Bemühungen und beschwerte sich nie darüber. Sie dachten, er sei ein bisschen exzentrisch, nicht gemeingefährlich, mit dem Herz am richtigen Fleck.

Aline, Rogers Frau, war sich der Gefahr aber sehr bewusst und flehte ihn an, seine Zunge im Zaum zu halten, solche Reden waren damals, lange vor dem Krieg, weder gerne gehört noch geduldet.

Und als die Kriegsvorbereitungen in vollem Gange waren, ermahnte ihn Aline immer wieder. Er kritisierte unsere *défense* – es gab praktisch keine –, die mangelnde Organisation der französischen Armee und verglich sie mit der perfekt durchdachten deutschen Offensive.

Mein Großvater war ein rotes Tuch in der Stadt, und seine Haltung brachte seiner Familie ein Elend, das er nicht mehr erlebte. Dabei bekam er eine sehr deutliche Warnung und die Chance, wenn nicht seine Meinung zu ändern, so doch auf jeden Fall die Klappe zu halten. Der Allgemeinmediziner der Stadt war sein Freund und vertrat auch solche reaktionären, extremen Meinungen. Eines Nachts wurde er zu einem Notfall auf dem Land gerufen und dort kaltblütig von hinten erschossen. Das gleiche Schicksal war meinem Großvater zugedacht; doch der Krieg kam, er wurde eingezogen. Während eines kurzen Aufenthaltes zu Hause erlag er einem Nierenversagen. Dialyse existierte damals nicht, er ließ Aline zu sich kommen und sagte ihr in seiner üblichen »leichenschaftlichen« Art: »In einer Woche bin ich nicht mehr am Leben.« Es war alles gesagt. Es kam auch so.

Am Tisch bei meinen Großeltern wurde stets gut gegessen. Entweder kochte die Haushälterin oder meine Großmutter ließ vom Feinkosthändler – bei uns *traiteur* genannt – etwas zubereiten (jetzt sehen Sie, weshalb ich keine reiche Erbin geworden bin!). Und es gab keine Mahlzeit ohne anständige Käseplatte – mit mindestens drei ausgesuchten Käsesorten – und Nachtisch. Mögen Sie Milchreis? Ich auch, ich könnte drin baden, aber das hier schlägt alles:

Impératrice-Reis

Süßer Reis

Reis:

175 g Milchreis
3/4 l Milch
1 Vanilleschote
125 g Zucker

Crème anglaise:

30 g Zucker
2 Eigelb
1/4 l Milch
1/3 Vanilleschote
1/2 TL Kartoffelstärke
3 Blatt Gelatine

Außerdem:

125 g kandierte Früchte
einige Rosinen
1/2 Glas Rum
150 g Schlagsahne

Rosinen und kandierte Früchte in Rum einweichen. Den Reis zwei Minuten in Wasser kochen, abtropfen lassen, durchspülen. Mit der Milch und Vanilleschote aufsetzen, zum Köcheln bringen und sachte in etwa 30 Minuten garen (ab und zu umrühren, damit nichts anbrennt). Dann den Zucker zugeben und 6 Minuten auf kleiner Hitze weiterkochen lassen. Erkalten lassen. In der Zwischenzeit die Crème anglaise zubereiten: Eigelb und Zucker mit der ausgekratzten Vanilleschote verrühren, bis der Zucker völlig aufgelöst ist. Währenddessen die Milch erhitzen. Die Kartoffelstärke und die heiße, aber nicht mehr kochende Milch zum Eigelb-Zucker-Gemisch geben. Zurück in den Topf geben und unter ständigem Rühren erwärmen, sie darf nicht kochen! Die Gelatine einweichen und in die noch heiße Creme einrühren. Das Ganze durch ein Sieb zur Reismasse geben, umrühren und erkalten lassen. Eingeweichte Früchte und die steif geschlagene Sahne hinzufügen. In eine Soufflé-Form füllen, im Kühlschrank fest werden lassen.

Dann auf einen Teller stürzen und mit den kandierten Früchten (mit Rum verfeinert) servieren. Einfach klasse!

Vielseitig und die gute Sauce

Manchmal kann er wirklich süß sein! Erstens sieht er besonders aus, auch besonders gut aus, er fällt immer auf, wenn wir unterwegs sind. Er hat einfach zu viele Haare für die jetzige Mode und wird des Öfteren geneckt. Er ist groß, hat knallblaue Augen, ein offenes Gesicht, regelmäßige Züge. Und kann – wenn er nicht in der Vorwurfsphase ist – sehr romantisch werden. Wie gestern ... wir waren mit dem Kleinen Schlittschuh laufen auf einem großen, glatten See; es hat sehr viel Spaß gemacht.

Und dann sagte er: »Warum feiern wir nicht den Faschingsdienstag, nur wir zwei?« Gesagt, getan. Kaum zu Hause angelangt, legten wir *Champagne* in den Schnee, rollten den Teppich weg, zogen uns verrückt an – obwohl der Kleine sagte: »Wo ist der Unterschied zwischen dem was du zum Fasching anhast, und dem, was du jeden Tag anhast?« Ich antwortete nicht, wies nur auf meine schwarz bemalten Lippen!

Wir legten sehr laute Tanzmusik auf und tanzten zu zweit drei Stunden lang ohne Unterbrechung. Es war sehr schön, gewagt, hitzig, witzig und lebendig. Hat sehr gutgetan. Und das nach 29 Jahren Beziehung! Eine richtige Leistung! Und wenn ich mich über ihn ärgere, weil er manchmal zu negativ ist, sage ich ihm, er habe alles, um glücklich zu sein: Er habe mich! Wenn das nix ist! Noch dazu muss ich betonen, dass er sehr vielseitig ist, kann genauso gut Zähne behandeln wie auch Möbel schreinern, Schmuck entwerfen und machen, Geige spielen und traumhaft Ski fahren, ein großes Segelboot steuern, wunderbar zeichnen und Saucen kreieren; er kennt sich genauso gut aus in der klassischen Musik wie beim Jazz und weiteren, sehr schrägen Musikarten, er kann tiefgründig, aber auch humorvoll sein!

Zu selten?

Er hat diese viele Gaben, besitzt auch den sechsten Sinn, obwohl ihm das sehr unheimlich ist, sieht das alles aber nicht, vergleicht sich zu sehr mit den anderen und verfällt zu oft dem weitverbreiteten Gedanken: »Ich bekomme nicht genug für das, was ich leiste! Warum ist kein Porsche mehr drin?« (Wir hatten zwei, einen nach dem anderen, aber keiner war jemals »drin« gewesen!) Ich will aber eher denken, dass er einen Reifeprozess durchmacht ... wie wir auch. Und auch wenn ich es nicht immer zugebe, so habe ich viel Verständnis für seine Erschöpfung. Ich kann verstehen, dass er sich ein anderes Leben wünscht.

Wenn ich den Jackpot gewinne, dann schenke ich ihm seinen dritten Porsche. Einfach so. Manchmal kocht er. Das letzte Mal – vor ungefähr 4 Jahren – entstand folgendes Rezept und ist seitdem ein Klassiker in unserer Familie:

Jegliches-Fleischstück-Sauce

mit freundlicher Genehmigung von IHM

4 x Rinderfilet oder Lende, auf jeden Fall Rindfleisch zum Kurzbraten.
2 EL Butter
1 EL Wasser
1 EL Ketchup
2 EL helle Sojasauce
1/2 Becher Sahne
Kreuzkümmel (siehe Glossar)
1 Prise scharfes Chili-Pulver
Salz, frisch gemahlener Pfeffer

Das Fleisch in heißer Butter scharf anbraten. Mit wenig Wasser ablöschen und die Fleischstücke auf einem Teller zur Seite stellen, mit Alufolie abdecken. Den entstandenen Bratensaft mit etwa 1 EL Ketchup verrühren, Sojasauce und Sahne dazugeben. Die Sauce würzen, aufkochen lassen, abschmecken und das Fleisch für 1 Minute in dieser fantastischen Sauce aufwärmen. Sogleich servieren, ihm gratulieren, ihm auf die Schulter klopfen und dankbar sein!

Vor 50 Jahren

Meine Ankunft auf der Erde war ein sehr stilles Ereignis. Sechs Monate lang bemerkte meine Mutter nichts von meiner Anwesenheit in ihrem Leib; war es Verdrängung oder eher die Tatsache, dass sie kaum zunahm und ihre Regel nicht ausfiel? Doch nach ein paar Monaten fand sie, dass in ihrem Inneren etwas nicht in Ordnung sei, und ging zum Gynäkologen und – es lebe die französische Medizin! – ein Fibrom wurde diagnostiziert, welches so schnell wie möglich entfernt werden sollte. Das Fibrom ist mittlerweile auf dem besten Wege, 50 Jahre alt zu werden, und spricht gerade mit Ihnen. Ich verdanke es meinem mir zugeteilten Schutzengel, dass meine Mutter sich eine zweite Meinung holte und ich dann bemerkt wurde. Damals gab es keinen Ultraschall, und die schlanke Figur meiner Mutter verriet nichts über mein Stadium der Entwicklung! Also ging sie ihrem Leben weiter nach, nicht ganz wissend, was sie davon halten sollte, ein Kind in die Welt zu setzen. Die Ehe war damals schon eine wahre Katastrophe, und meine Mutter sah sich ohne Arbeit und mit schreiendem Mädchen (es kam ihr nie in dem Sinn, einen Jungen zu haben!) zu Hause gefangen. Am 24. Mai 1956 waren meine Eltern bei Freunden zum Essen eingeladen und nahmen – nach langem Zögern – die Einladung an. Das Zögern kam daher, dass mein Vater schon damals ein Spezialist der unangenehmen Szenen war, vor allem bei Freunden oder anderen Leuten, was meine Mutter zutiefst demütigte und in einen kritischen nervlichen Zustand versetzte. Nun aber hatten die Freunde eine fantastische *choucroute* vorbereitet, eine elsässische Spezialität mit Sauerkraut, geräuchertem Speck, Würsten, gekochten Kartoffeln, das Ganze mit unserem Bier tüchtig begossen! Ein ideales Mahl für eine Hochschwangere: leicht und bekömmlich! Als ihr Bauch anfing zu schmerzen, dachte meine Mutter, es sei der Wirkung des Krauts zu verdanken, dass sie krampfartige Stiche spürte. Schnell aber wurde ihr klar, dass ich im Anmarsch war. Die Geburt war ihr vom Arzt als sehr schwer prophezeit worden, da sie mit 36 Jahren Spätgebärende und so schmal war. Ich flutschte aber in 45 Minuten raus, eine Glanzleistung, die kaum eine Frau überbieten kann, ich am allerwenigsten. Da die Medizin damals in Frankreich einerseits rückschrittlich – siehe Fibrom – andererseits aber frauenfreundlich war, spürte meine Mutter fast nichts; sie wurde im richtigen Augenblick unter Narkose gesetzt, und als sie aufwachte, war ich schon gewaschen und gewickelt.

Diese Geburt hat wahrhaftig nichts mit den Torturen zu tun, die Frauen in Deutschland erdulden müssen. Bei der Geburt unserer Tochter – ganze 18 Stunden – wurde ich oft ermahnt, mich nicht so anzustellen, ich würde mich ja wie eine Türkin aufführen und schreien! Also sind die Türken doch weiter als wir, denn sie lassen ihren Schmerz richtig raus! Ich gebar in einem großen, kahlen Saal, wo noch zwei andere arme Frauen in der gleichen vorteilhaften Position wie ich lagen. Nur, als bei diesen Frauen die Presswehen kamen, hörte ich lediglich ein leises und diskretes Stöhnen. Ich habe das ganze Krankenhaus zusammengebrüllt und würde es heute auch wieder tun. Als das Ende nahte, holte die Hebamme (eine alte Jungfer, welche noch nie einen Mann in Unterhose gesehen hatte!) einen umwerfend gut aussehenden Arzt, der als Erstes seinen Ellbogen auf meinen Bauch setzte und mit enormem Druck nach unten schob. Ich spüre heute noch den Schmerz dieser Folter und höre noch meinen Mann sagen: »Sie haben eine wunderschöne Baume Mercier an.« Worauf der Schönling, weiter schiebend und drückend, erwiderte, »danke und diese Uhr hat auch den Vollmondkalender …«, bis ich schrie, ich sei doch hier, und es ginge um mich, BITTE SCHÖN!

Es wäre jetzt ohne Übergang machbar, Ihnen das Rezept für die *choucroute* zu geben. Doch denke ich, Sie sind die Spezialisten. Das Besondere ist jedoch die Präsentation der *choucroute:* Das Sauerkraut wird pyramidenförmig auf einen großen, tieferen Teller gehäuft. Wiener (bei uns Straßburger genannt) Würste werden vertikal daraufgelegt ebenso ein großes Stück Speck, rundherum kommen dampfende Kartoffeln. Der Fantasie sind keine Grenzen gesetzt: Weitere Wurstspezialitäten können hinzugefügt werden, ebenso wie dicke Scheiben gekochter Schinken.

Traurige Beute und wieder Wild

Es war ein schöner Tag für eine Hochzeit. Diese wurde in der Nähe von Fontainebleau gefeiert, alle sind schön angezogen, meine Mutter trägt ein langes, weißes Kleid, verschiedene Voileschichten umspielen ganz leger ihre schlanke Figur, ein breites Band unterhalb der Brust; sie ist nicht die Braut. Ihre Kusine heiratet. Die Familie ist nicht überglücklich über die Wahl: Ein Korse in der Familie! Das hat es wohl noch nie gegeben! Zudem sind seine Ansichten eher links gerichtet, das hat es noch weniger gegeben als einen Korsen! Aber sie ist verliebt, er anscheinend auch. Ein sehr ungleiches Paar, sie groß, dunkel und geschmeidig, er eher klein, bereits mit einem Bauchansatz, das Haar wird schnell dünn. Er hat aber Witz, ist mutig, macht große Sprüche und hat diesen schönen Mittelmeer-Akzent! Ginette hat zwei Brüder, Zwillingsbrüder, Jean und Guy. Beide mögen den Korsen sehr gerne, zusammen gibt es Trinkgelage, Essensorgien, man tauscht sich über Politik, den aufkommenden Krieg, die allgemeine Weltlage aus. Dann bricht der Krieg aus, die Zwillingsbrüder heiraten auch, die Feste fallen bescheidener aus, sehr schnell kündigt sich Nachwuchs bei den Zwillingen an. Etwas anderes kündigt sich auch an; sie verändern sich, sind schweigsamer, verschwinden manchmal tagelang, ohne ein Wort zu sagen. Das einzige Merkmal dieser Eskapaden, wenn es welche sind, ist die gleichzeitige Abwesenheit des Korsen. Sehr schnell errät die Tante meiner Mutter, dass ihre Söhne irgendetwas mit der Résistance zu tun haben, aber was? Und eines Tages verschwinden sie ganz, fünf Tage, sechs Tage. Die Sorge wächst, niemand weiß, an wen man sich wenden könnte. Wie tritt man mit einem Geheimressort in Verbindung? Die Antwort dazu kommt ungewollt und unerwünscht. Die Kommandantur meldet sich und bittet die Ehefrauen vorbeizukommen. Die Zwillingsbrüder sind samt dem Korsen festgenommen. Da die Tätigkeiten der Brüder noch sehr diskret waren und sie bei keinem großen Coup beteiligt waren, sind die Beweise gegen sie eher gering; erleichtert gehen die Frauen nach Hause. Man versichert ihnen, innerhalb einer Woche die Sache geregelt zu haben. Die Zwillingsbrüder sind zuversichtlich, fast wie Lausbuben, die erwischt worden sind. Drei Tage später sieht die Welt ganz düster aus. Das Beweismaterial gegen sie ist auf mysteriöse Weise explosiv geworden und sie sind zum Tode verurteilt. Der Korse kommt genauso mysteriös von heute auf morgen auf freien Fuß, kein Beweismaterial mehr gegen ihn. Die Brüder kommen nach Mauthausen, wo beide ihr junges Leben lassen. Der eine stirbt an einer Lungenentzündung –, sein Pritschennachbar macht sich die Mühe, nach seiner Befreiung zur Familie zu fahren, um zu berichten – beim anderen ist sein Schicksal nicht bekannt. So hat die Tante meiner Mutter nur noch ihre Tochter und den Schwiegersohn. Eines Nachmittags ist die Tochter zu Besuch und will aus dem Garten Blumen für den Tisch holen. In diesem Moment fällt die einzige Bombe, die im Krieg auf diese Kleinstadt geworfen wurde. Es gab nur eine Tote: die junge Frau mit den Blumen. Wie meine Großtante das alles überlebte, bleibt mir ein Rätsel. Sie hieß Gabrielle, liebte ihren Mann mit einer Leidenschaft, die in der Familie sehr untypisch war und gar nicht gerne gesehen wurde. Nach dem Tod ihrer Tochter Ginette traf sie ein letztes Mal auf den Korsen und sagte zu ihm: »Wenn die Flinte meines Mannes hier wäre, wärest du ein toter Mann. Lass dich hier nie mehr blicken.« Sie starb an Brustkrebs kurz nach dem Krieg. Als die Zeiten noch gut waren, das heißt kurz vor dem Krieg, war Gabrielle mit ihrem Mann René und den drei Kindern ab und an bei meinen Großeltern eingeladen. Es war eher eine Pflichtübung. Die einfache Sprache oder gar die Derbheit von Gabrielle war meiner Großmutter ein Dorn im Auge, Vulgarität wurde im Hause nicht toleriert; die Anwesenheit der Jugend machte aber die schlechte Stimmung wett, und es wurden doch ganz fröhliche und sehr lange Mittagessen. Schon Tage vorher bereitete die Haushälterin Pasteten, legte Fleisch – meistens von meinem Großvater erlegtes Wild – in Rotwein ein, bestellte beim Pâtissier einen *Ambassadeur* – sehr leckeren und unmöglich selbst zu machenden Kuchen mit vielen Schichten. Bleiben wir bei den Dingen, die machbar sind, und legen auch ohne Schusskraft des Großvaters Wild ein:

Gams- oder Hirsch- oder gar Lammkeule

2,5 kg Fleisch (siehe oben!), 2 l guter Rotwein, 4 Knoblauchzehen
200 g Karotten, grob geschnitten, 200 g Zwiebeln, grob geschnitten
1 Bouquet garni (siehe Glossar), 12 schwarze Pfefferkörner, zerdrückt
3 Wachholderbeeren, zerdrückt
Salz, 5 EL Pflanzenöl, knapp 1/8 l Rotweinessig, 50 g Mehl
75 g frische Butter, 1 Becher Crème fraîche oder Crème double

Das Fleisch mindestens für 24 Stunden in Rotwein mit Knoblauch, Karotten, Zwiebeln, Bouquet garni, Pfefferkörnern und Wachholderbeeren marinieren. Das Fleisch herausnehmen, gut abtropfen lassen (das Gemüse und den Wein dabei aufbewahren!) und trocken tupfen. Salzen und im vorgeheizten Ofen etwa 45 Minuten (je nach Fleischsorte: für Lamm gilt 20 Minuten per Kilo, Hirsch 25 Minuten per Kilo) unter dem Grill rösten lassen.

In der Zwischenzeit das Öl in einer großen Pfanne erwärmen. Wenn zusätzlich Knochen vorhanden sind, anbraten, zusammen mit den abgetropften Karotten und Zwiebeln. Den Essig hinzufügen, kochen, bis er ganz verdampft ist! Wichtig! Schmeckt sonst zum K ... Bratensatz mit Mehl bestäuben und unter Rühren bräunen, mit dem aufgefangenen Marinadewein *peu à peu* verrühren. Die Sauce etwa 30 Minuten schmoren lassen, regelmäßig mit dem Schaumlöffel abschäumen. Vom Feuer nehmen und die Butter sowie die Crème fraîche hinzufügen. Abschmecken. Die Sauce separat zum Fleisch servieren. Gemüsesoufflé und Kroketten passen wunderbar dazu. Das Problem ist nur, dass Sie den ganzen Tag in der Küche verbringen!

Mutterstolz und Grießpudding

Als ich sechs Monate alt war, wog ich ganze 10 Kilo, ich war der ganze Stolz meiner Mutter! Wenn ich Bilder von mir in diesem Alter anschaue, frage ich mich, weshalb ich nicht augenblicklich auf Diät gesetzt wurde! Sogar meine Nase verschwindet zwischen Riesenbacken, und die Krönung dazu: eine rote Locke mitten auf dem Kopf! Ein Grauen! Permanent am Verhungern! Damals war das Stillen total aus der Mode, die Frauen wollten lieber einen schönen Busen behalten. Es ging gut, bis ich vier Monate alt war. Ich war bei meiner Großmutter über Nacht und fing an zu brüllen. Ich lehnte meine Milchflasche ab. Und ich schrie und schrie und schrie. Keiner konnte mich beruhigen. Meine Oma rief vollkommen aufgelöst und verzweifelt den Kinderarzt an, der sofort kam und entdeckte, dass ich keine pure Milch mehr wollte und mochte. Toll, oder? Mit vier Monaten! (Habe ich seitdem auch nie mehr getrunken). Er empfahl Grießbrei! Nach wie vor mein Lieblingsgericht! Mit dem oben genannten Ergebnis, ich wurde ein Riesending, apathisch, unbeweglich, das spät das Gehen lernte und sich nur fürs Essen interessierte.

Wahrscheinlich werden Sie denken, es habe sich nicht viel geändert! Das Essen spielt nach wie vor eine große Rolle! Aber apathisch? Gewiss nicht! Meine Eltern versuchten meine Aufmerksamkeit auf meine Umgebung zu lenken: »Schau mal, der Zug, die Kuh, der Hund« ... null Reaktion. Mein Grießbrei. Ich blieb sehr lange so, ich habe mich oft gefragt, weshalb. Hing es mit der Stimmung zu Hause zusammen, wo ich schnell lernte, dass die Klappe halten die bessere Lösung war, damit mein Vater nicht losbrüllte? Dabei hat er mich nie geschlagen; er war enttäuscht, eine Tochter zu haben – so denke ich. Wie schön wäre es gewesen, wenn ein Sohn mit ihm seine Leidenschaft zum Skifahren, Fußballspielen oder Radfahren geteilt hätte? Anstatt eines Mädchens, welches ständig lesen und in Ruhe gelassen werden wollte? Und das vor ihm Angst hatte (und immer noch hat?), aber unsere Seelen suchen sich schon den Ort und die Eltern aus, die sie brauchen, und wir lernen sehr früh die notwendigen Mechanismen, um zu überleben. Also überlebte ich mit Grieß. Und auch, wenn Sie es nicht mögen, möchte ich Ihnen unbedingt meinen Lieblingsnachtisch vorstellen, mächtig, prächtig, süß, mit Karamell überzogen und in Crème anglaise schwimmend:

Grießpudding

1/2 l Milch
1 Vanilleschote, längs aufgeschlitzt
125 g Grieß
2 Eier
125 g Zucker
60 g Rosinen, in Rum eingeweicht
60 g kandierte Früchte, in Rum eingeweicht
150 g Zucker für den Karamell

Eine Crème anglaise bereiten (siehe Rezept Impératrice-Reis, S. 175), aber gleich die doppelte Menge an Crème herstellen!

Den Backofen auf 180 °C vorheizen. Die Milch mit der Vanilleschote aufkochen. Den Grieß einstreuen und unter Rühren eindicken lassen. Abdecken und vom Herd nehmen. Die Eier mit dem Zucker verrühren. Den Grieß langsam und unter Rühren einrieseln lassen. Die Rosinen und Früchte hinzugeben und verrühren. Den Zucker für den Karamell in einem Topf schmelzen und, sobald er blond wird, in eine Soufflé-Form gießen: Sofort die Grießmasse dazutun und das Ganze im Wasserbad für 25 Minuten in den Ofen schieben. Den Pudding auf eine Platte stürzen und mit der Crème anglaise und – wenn Sie wirklich alles wollen – noch mit Früchten, Kompott oder Erd- oder Himbeeren auftragen!

Amethyste, Perlen und die Genialität aus Grenoble

Heute trage ich wieder die Ohrringe meiner Großmutter, goldene Kreise umfassen ganz zart Amethyste. Dazu gab es einen wunderschönen Anhänger, den hat meine Kusine geerbt. Ich kann mich gut erinnern, dass meine Großmutter mich immer bat, ihr die Ohrringe in die Ohrlöcher zu stecken. Sie kicherte, sagte, ich würde sie kitzeln, es wäre so, als ob ein kleiner Vogel mit dem Schnabel an ihr rumpikste.

Als sie mir im hohen Alter ihre Ohrringe schenkte, weinte ich sehr, ich hatte verstanden. Wenn ich Sehnsucht nach meiner *grand-mère* habe, dann trage ich ihren Schmuck und rufe sie mir ins Gedächtnis zurück.

Ich bitte sie auch um Hilfe, wenn ich den Weg nicht mehr weiß – was permanent passiert. Ich appelliere an ihre Weiblichkeit und ihre Fähigkeit, extreme Emotionen auszuleben. Sie wäre eine wunderbare Geliebte geworden, wenn sie sich das genehmigt hätte, was für ihren Mann eine zweite Natur war.

Ich liebte sie gerade deshalb, weil sie vor Liebe sterben wollte, weil sie immer das Ungewöhnliche gewählt hat. Die Geburt ihres ersten Sohnes, meines Onkels, war ein Grauen, welches 48 Stunden dauerte. Als sie vier Jahre später trotz ihrer Verhütungsbemühungen – die sich damals auf ein Diaphragma beschränkten (auch ein Akt für sich, wenn man bedenkt, dass dieses in der Schweiz besorgt werden musste! Das gab es im konservativen Frankreich nicht) – doch schwanger wurde, ging sie ganz mutig zum Bürgermeister und bat um Erlaubnis, abzutreiben.

Es wurde höflich abgelehnt, »du wirst in Schmerz gebären« gefällt Männern nach wie vor; die zweite Geburt verlief genauso katastrophal wie die erste, und mir ist nicht bekannt, was sie für weitere Maßnahmen traf, um einen dritten Vorfall zu vermeiden. Enthaltung war es nicht.

Sie hat ihren Mann sehr, sehr geliebt, und sie sagte, diese Beziehung sei ganze sechs Monate schön gewesen! Er war ein gut aussehender Mann, er gefiel Frauen sehr, hatte große gepflegte Hände, ein Dupont-Feuerzeug, einen nach Maß geschneiderten Anzug, Schuhe aus dem englischen Haus Winston in Paris – wo unsere Erbkusinen arbeiteten, aber das ist auch eine andere Geschichte – schöne Autos. Ein Mann von Welt also, der damals schon in Amerika war und der englischen und deutschen Sprache mächtig war; ein hohes Tier in der Papierindustrie.

So fiel er dieser Cafébesitzerin auf, einer schönen, imposanten Frau, immer in Schwarz gekleidet mit einem sehr gut gefüllten, runden Dekolleté. Dieser Ausschnitt rief nach echten Perlen! Die kamen auch, zusammen mit der ganzen Gunst und Lust meines Großvaters. Er verliebte sich so, wie sich Männer verlieben können, wenn sie sonst düster sind, ernsthaft, humorlos, sie löste etwas in ihm aus, dem er nicht widerstehen konnte. Meine grand-mère wollte sich in die Seine werfen, machte ihm irrsinnige Szenen, sie wurde laut, schrie, riss sich das Haar vom Kopf. Er gab nach, sie zogen in eine andere Stadt, die Cafébesitzerin und ihre Perlen suchten sich einen neuen reichen Liebhaber. So ist es manchmal im Leben zwischen Männern und Frauen!

Was habe ich von grand-mère? Vieles! Die Ohrringe und viel Schmuck, die Unfähigkeit, schmerzlos zu gebären, die Lust, Dummheiten zu machen, die Fähigkeit, über sich zu lachen, das Bedürfnis, Geschichten zu erzählen, die Liebe zum Leben, die extremen Emotionen, den Hang zum Luxus und das Genießen des Essens.

Es ist schade, dass ich Ihnen nicht beibringen kann, wie man Lammhirn in schwarzer Butter brät, weil in Deutschland so etwas ekelerregend ist, aber wie wäre es mit

Walnuss-Kuchen aus Grenoble

Wussten Sie, dass Grenoble die Hauptstadt der Walnüsse ist? Vergessen Sie Kalifornien mit ihren dicken, blassen und faden Nüssen! Wir machen alles damit, wir würzen Salate, wir backen Kuchen, wir machen Wein daraus, wir produzieren ein sagenhaftes Öl, wir packen Marzipan zwischen zwei Hälften, die wir dann in durchsichtige und knackige Zuckerglasur tunken, wir honorieren den öligen, vollen Geschmack dieser schön geformten Nüsse. Damals in der Schule wussten wir immer, wer auf dem Feld mit Nüssen arbeitete, denn die Hände werden ganz schwarz davon und diese Farbe geht nur mühsam ab. Merken Sie, mit welchem blödsinnigen und idiotischen Nationalstolz ich mich ausdrücke, mit diesem »wir«? Als ob ich selber die Nüsse ernten würde! Aber zurück zu unserem gigantischen Kuchen, eine Hymne an Sahne, Nüsse und Rum!

Biskuitteig:

180 g Zucker
100 g Butter, zimmerwarm
3 Eigelb
100 g Walnüsse aus Grenoble (!), grob gehackt
100 g Mehl
1 Päckchen Backpulver
5 Eiweiß, steif geschlagen

Crème pâtissière:

2 Eigelb
50 g Zucker
25 g Mehl
1/4 l Vanille-Milch (mit 1/2 Vanilleschote, längs aufgeschlitzt, gekocht oder mit 1/2 Päckchen Vanillin-Zucker aromatisiert)
1 Becher Schlagsahne (mit einem Päckchen Vanillin-Zucker gezuckert)
1 Schnapsglas Rum
für die Deko: ein paar schöne ganze Nüsse

Biskuit: Zucker mit Butter vermengen, dann das Eigelb und die Nüsse unterheben. Das Mehl mit dem Backpulver mischen und über die Nuss-Mischung sieben. Das steif geschlagene Eiweiß ganz behutsam in die Masse einarbeiten. Keinesfalls rühren, sondern richtig unterheben! Eine runde Backform einfetten, mit Mehl bestäuben und den Teig einfüllen. Bei 130 °C (Umluft) etwa 45 Minuten backen. Aus der Form stürzen und abkühlen lassen.

Crème pâtissière: Eigelb mit Zucker und Mehl vermengen und mit der heißen Vanille-Milch aufgießen. Kurz auf dem Herd aufkochen. Vom Feuer nehmen und abkühlen lassen. Die Schlagsahne steif schlagen und der Eigelbmischung beifügen.

Den Biskuit horizontal in drei (wenn es nicht gelingt, dann in zwei) Böden schneiden. Jeden Boden mit Rum tränken (wenn das Schnapsglas nicht ausreichen sollte, dann einfach mehr nehmen! Die Böden sind so durstig!!!). Jeden Boden mit Crème pâtissière bestreichen. Die Böden übereinanderlegen, mit der restlichen Creme den Rand bestreichen und mit den ganzen Nüssen dekorieren. Als Topping können Sie entweder die restliche Creme benutzen – falls vorhanden, oder Puderzucker, oder nur die Nüsse. In den Kühlschrank stellen und Gott danken!

Ein tolles Erbe
und die Früchte des Meeres

An dem Tag, als die letzte Erbkusine starb, kam meine Mutter zu Tisch und weinte, sie sagte, sie hätte jetzt das letzte nahe Glied zu ihren Eltern verloren. Mein Vater war nicht an Tränen meiner Mutter gewöhnt, er stand hilflos da, die Arme hängend und stammelte irgendetwas Unverständliches. Ich sprang auf und nahm sie in den Arm.

Meine Mutter fuhr nach Südfrankreich, wo die beiden Schwestern ihren Lebensabend gemeinsam in einer großen Wohnung voller Empire- Antiquitäten verbracht haben. Man konnte nicht konträrer sein, als diese zwei Frauen es gewesen waren. Die Ältere war schön und elegant und hatte reiche Liebhaber, die sie meistens in ihrer Tätigkeit als Geschäftsleiterin des Schuhhauses Winston in Paris kennenlernte. Die Schwester war dick und plump, arbeitete im gleichen Geschäft, aber nur als kleine »Schuh-Aufräumerin« und hatte arme Liebhaber: den Laufburschen, den LKW-Fahrer, den Briefträger. Beide hatten aber ein sehr reges Liebesleben, der einen brachte das viel Schmuck (auch in diesem Fall – alles bei mir gelandet), der anderen brachte das hoffentlich schöne Nächte und viel Wärme. Ich mochte die Plumpe lieber, sie briet mir immer tolle Bratkartoffeln, sah wunderbar altmodisch aus mit einem Zopf um den weißen Chignon geknotet, trug blaue Kleider mit großen, dick machenden weißen Punkten. Sie war einfach gemütlich; die andere war und blieb bis zuletzt autoritär, die Herrin im Haus, der man zu folgen hatte.

Meine Mutter erbte alles: die Wohnung in Südfrankreich, das ganze Empire-Mobiliar mit großen, goldenen Spiegeln, einen Batzen Geld, den Schmuck, unter anderem eine wahnsinnige, vom Juwelier der Begum kreierte Brosche! Und mein Vater? Der bekam ein Brillenetui aus original echtem Plastik und abgetragene Lederpantoffeln, die sofort im Müll landeten. Unsere Wohnung sah danach ganz verändert aus, imposanter, schicker, sie hatte auf jeden Fall einen luxuriösen, antiken Touch bekommen.

Auch bei diesen zwei alten Damen spielte das Essen eine große Rolle; es wurde ausgiebig, reichhaltig und lange gespeist. Deftige französische Küche. Da sie am Meer lebten, kochten sie viel mit Meeresfrüchten und Fisch. So wie ich gestern:

Jakobsmuscheln auf Spinatbett

4 Jakobsmuscheln
selbst gemachter Blätterteig
(s. S. 15, oder gekaufter. Aber, ohne arrogant sein zu wollen,
wird das Gericht damit ganz anders schmecken)
1 EL Hummerbutter
1 Schalotte, klein geschnitten
1 EL Butter
1 Schuss Cognac
300 g frischer Spinat, in Salzwasser blanchiert,
abgetropft und grob gehackt
1 Knoblauchzehe, fein gehackt
frisch geriebene Muskatnuss
rosa Pfeffer
Salz

Pro Person eine runde Scheibe Teig (etwa 12 cm Durchmesser) ausrollen und für 5 bis 7 Minuten in den Ofen schieben (180 °C konventionell, oder 160 °C, Umluft). Die Teigscheiben sollen eine schöne goldene Farbe bekommen. Den gebackenen Blätterteig im Ofen warm halten, aber darauf achten, dass sie nicht braun werden (am besten in ein frisches Tuch einwickeln).

Die Hummerbutter zusammen mit der Butter erhitzen und die Schalotte darin glasig anschwitzen. Die Jakobsmuscheln rasch hinzufügen und kurz mitbraten, mit Cognac begießen und eine Minute köcheln lassen, salzen.

Den blanchierten Spinat zusammen mit Knoblauch und Muskatnuss erwärmen und auf den Blätterteig legen, die Muscheln samt eingekochtem Cognac auf dem Spinat drapieren und das Ganze mit grob gemahlenem rosa Pfeffer bestreuen. Warm als Vorspeise servieren.

Dem Manne muss geholfen werden

Denn er kann das alles nicht – allein, ohne Sie. Nur Sie können im Schrank das finden, was er täglich sucht. Denn, Stapeln, das gibt es bei ihm nicht, noch weniger als weiter nach hinten stellen. Es muss alles übersichtlich, flach, griffbereit liegen.

Meine Oma pflegte Folgendes zu sagen, wenn ihr Mann wieder mal mürrisch nach den Manschettenknöpfen suchte: »Er würde nicht mal *sa queue* finden, um ins Bordell zu gehen!« Es mag Sie schockieren und vulgär klingen. Ist es nicht.

Aber zurück zu uns!

Nur Sie können ihm sagen, dass die Farben Braun und Blau partout nicht zusammenpassen, dass braune Socken in schwarzen Schuhen bescheuert aussehen, und dass das weiße Haar aus seinem Ohr augenblicklich entfernt gehört! Wissen Sie, sie sind einfach ein bisschen beschränkt, sie haben nicht diesen geistigen Horizont, diese Mannigfaltigkeit und diese Anpassungsfähigkeit, die uns kennzeichnen.

Und sie tun sich so schwer, wenn es darum geht, über Gefühle zu reden, sie haben Angst vor Worten, und vor allem vor sich selber. Große Emotionen überlassen sie großzügig ihren Partnerinnen.

Dabei sind sie so sensibel!

Ein Tor von der bevorzugten Mannschaft kann sie zu Tränen rühren!

Wenn wir etwas erwarten, sind wir zickig, wenn wir weinen, sind wir hysterisch und wenn wir fremdgehen, sind wir Nymphomaninnen, wenn wir uns etwas für 50 Euro kaufen, sind wir hirnlose, luxussüchtige Geschöpfe, und wenn wir nein zu seinem Luxusauto oder zu seiner Mitgliedschaft im Golfclub sagen, gönnen wir ihm nichts!

Und warum sind sie so?

Weil sie aus uns Müttern kommen! Und wir machen etwas falsch in der Erziehung! Und zwar ganz gewaltig. Die Jahrhunderte haben uns sicherlich geprägt, und wir können nicht anders, als die Männer zu sehr zu verwöhnen und selbst zu viel zu übernehmen. Lesen Sie dazu »Jokastes Kinder« (ja, genau die! Ödipus!) von Christiane Olivier – ein wahrer Fundus an Fehlverhalten … unsererseits! Wiederum frage ich mich: Warum stellen wir uns permanent infrage und sind immer wieder bereit, uns schuldig zu fühlen? Aber ich will auch nicht permanent jammern. Ich habe gestern nach 29 Jahren Zusammenseins wieder traumhafte rote Rosen zum Valentinstag bekommen! Und ein Freund schickte mir ein Bild von japanischen Sumo-Ringern mit sehr großen Bäuchen und winzigen … Sie wissen schon! Titel des Bildes: »Warum lächeln japanische Frauen nie«. In diesem Sinne, ein japanisches Rezept:

Ingwer-Gurken-Salat

Wakame (siehe Glossar, im Asia-Laden besorgen, ist in getrockneter Form erhältlich)
1 große (!) Gurke, in sehr dünne Scheiben geschnitten,
in einem Sieb mit 1 TL Salz bestreuen und 15 Minuten ziehen lassen
1 Stück frischer Ingwer (3 cm), geschält und in dünne Stifte geschnitten
3 EL Reisessig
1 EL brauner Zucker
1/3 TL Salz
1 TL Sojasauce

Nehmen Sie so viel Wakame, wie Sie mit Ihren Fingerspitzen greifen können, und lassen Sie ihn in kaltem Wasser 15 Minuten quellen. Dann grob schneiden.

Die Gurke mit den Händen gut ausdrücken; in eine Salatschüssel geben.

Mit dem Wakame und dem Ingwer bestreuen. In einer Schüssel den Essig mit Zucker, Salz und Sojasauce verrühren, bis der Zucker aufgelöst ist. Kurz vor dem Servieren mit der Gurke vermischen und gekühlt servieren.

Diamonds

Diamonds are a girl's best friend.

Vor ungefähr 30 Jahren lebte meine Kusine, damals schon erwachsen und erfolgreiche Geschäftsfrau, immer noch bei ihren Eltern in Paris. Die großräumige Wohnung im schicken Neuilly ließ nichts zu wünschen übrig und warum ausziehen, wenn bei den Eltern alles vorhanden ist? An diesem Tag aber fühlte sie sich nicht wohl und kam deshalb viel früher nach Hause. Komische Geräusche in der Wohnung verrieten, dass sie nicht alleine war, und sie ging den leisen, aber doch deutlichen Stimmen nach. Diese führten schnurstracks in das elterliche Schlafzimmer, wo sich mein Onkel gerade mit einer erheblich jüngeren Dame vergnügte! Diskret die Tür wieder zu schließen ist nicht die Art meiner Kusine; stattdessen veranstaltete sie – selbst Geliebte eines sehr berühmten, verheirateten Staatsmannes – ein Riesentheater und alarmierte umgehend meine Tante. Diese spielte gerade Bridge mit anderen äußerst respektablen und distinguierten Damen des Pariser Kleinbürgertums. Es wurde ein richtiger Skandal mit Tränen, Schreien, Beteuerungen ewiger Liebe seitens meines Onkels und dem Ausmachen des Preises für diese Stunde Matratzensport: ein Solitär (nicht das Spiel, sondern ein anständig großer Diamant) und ein Nerzmantel! Harmonie liebend und viel zu weich, wurde mein Onkel dazu verdammt, den Deal noch in der gleichen Woche über die Bühne zu bringen.

Das Fremdgehen hat Tradition in meiner väterlichen Familie. Schon mein Großvater war kein Kind von traurigen Eltern (komischer Ausdruck! Er hatte keinen Vater und eine Mutter, die sich unter die Straßenbahn geworfen hat! Wenn das keine traurigen Eltern sind!); und wenn jede Frau in der Familie jedes Mal einen Diamanten erhalten hätte, wäre ich eine reiche Erbin! Seitdem frage ich mich jedes Mal, wenn ich eine Dame mit auffälligem Schmuck und Pelzmantel erblicke, ob diese Gegenstände den Preis der Lust und Untreue darstellen!

Und da wir von luxuriösen Gegenständen reden, biete ich Ihnen französische Hausmannskost! Als Kontrast!

Gnocchi à la romaine

Ja, ich weiß, dass Gnocchi eine italienische Spezialität sind, und nein, ich weiß nicht, weshalb Franzosen sich alles aneignen und etwas Eigenes daraus machen müssen; aber nichtsdestotrotz, hier ist es:

1 l Milch
200 g Hartweizengrieß
100 g geriebener Käse
(Emmentaler, Gruyère oder gar Parmesan … um den Namen Gnocchi zu ehren)
frisch gemahlene Muskatnuss
Salz, Pfeffer

Sauce:

Olivenöl
1 große Zwiebel, fein gehackt
2 Knoblauchzehen, fein gehackt
500 g reife Tomaten, geschält und geviertelt
1 rote Paprikaschote, klein gewürfelt, Stiel und Samenwände zuvor entfernt
1 Zucchini, in dünne Scheiben geschnitten
eine Handvoll Basilikumblätter, grob gehackt
zerlassene Butter (80 g)
Salz, Pfeffer

Die Milch ewärmen, und wenn sie zu dampfen beginnt (und so gut riecht, dass die ganze Kindheit mit diesem süßen Dampf aufsteigt), den Grieß mit dem Holzlöffel rührend einstreuen. Die Hitze reduzieren und noch immer unter Rühren den Grieß aufquellen lassen.

Wenn die Konsistenz breiig ist, den Käse untermischen und kräftig rühren. Die Herdplatte auf kleinste Stufe runterdrehen und Salz, Pfeffer und Muskatnuss zugeben. Von der Herdplatte nehmen und zugedeckt ruhen lassen. Eine große Marmor- oder Steinplatte befeuchten und die Grießmasse gleichmäßig darauf verstreichen, abkühlen lassen. Den Ofen auf 160 °C (Umluft) vorheizen.

In der Zwischenzeit die Sauce zubereiten: Olivenöl erhitzen, Zwiebeln und Knoblauch anbraten. Sobald diese leicht braun werden, Tomaten und Paprikaschoten hinzufügen und die Hitze reduzieren. Salzen und pfeffern. Wenn die Tomaten ganz geschmolzen und die Schoten weich sind, Zucchini hinzufügen. Immer noch auf kleiner Flamme schmoren lassen. Bei Bedarf Wasser hinzufügen. Basilikumblätter erst zum Schluss beifügen.

Mit einem Glas runde Scheiben aus der Grießmasse ausstechen und sie überlappend nebeneinander in eine Auflaufform legen. Es geht sehr einfach, wenn Sie nach jedem Ausstechen das Glas in kaltes Wasser tauchen. Die Sauce über das Gericht gießen. Die geschmolzene Butter darüberträufeln. Im Ofen etwa 20 Minuten überbacken.

Wer braucht noch Diamanten und Pelze nach so einem Gericht?

Der Fuß, der Schuh und die Schnecke

Quel pied! Wenn ein Franzose Ihnen das sagt, dann heißt es nicht, dass Sie wohlgeformte Füße haben, sondern dass er/sie eine besonders gelungene Sexualerfahrung hatte (hoffentlich mit Ihnen). *Pied* heißt also Orgasmus. *Prendre son pied!* »Den Fuß nehmen…« Bitte stellen Sie sich nicht vor, dass jeder Franzose, jede Französin beim Liebesakt die eigenen Füße oder die des anderen anfasst, umfasst; bildlich dargestellt, würde dies in zirkustaugliche Akte ausarten. Es ist einfach ein lustiger Ausdruck, ich weiß leider nicht, wie er entstand, er ist auch nicht besonders aristokratisch, aber trotzdem salonfähig.

Aber noch etwas anderes verbindet mich auch mit den Füßen, und zwar der Schuh. Sie wissen bereits, dass ich einen Schuhtick habe, aber darauf will ich nicht hinaus. Ich habe die Gabe, die Form der Füße in den Schuhen zu erraten. Klar, nicht in den Skischuhen, aber in jedem Stadtschuh.

Es ist mir bewusst: Dieses Können ist notwendig wie ein Kropf, und es stört mich immer wieder. Ich will nicht erraten, dass der große Mann mit dem tollen Anzug zu lange Zehennägel hat, der kleine Lustige einfach auch an den Füßen Wurstfinger sein Eigen nennt, die sehr schicke Dame einen Besuch bei der Fußpflege bräuchte. Es ekelt mich zu sehen, wie manchmal ein Fuß klebrig feucht ist, eingezwängt in einer Kunststoffsocke oder schneeweiß mit hervorstehenden blauen Venen, oder die Zehen sind ganz krumm, die Nägel rissig. Es ist wirklich nicht nötig. Früher, als ich stundenlang auf der Messe in Hannover herumstand, war das eine Lieblingsbeschäftigung. Es ist auch eine gute Sache, wenn Sie von jemandem eingeschüchtert sind. Auf die Füße schauen, seine, oder ihre und dann mit süffisantem Lächeln den Blick wieder hoch. Klappt immer.

Es gibt auch gute Überraschungen: Ein hässlicher Schuh und ein schöner, langer, schmaler Fuß, gepflegt und glatt, geschmeidig und geruchlos! Ich hoffe, dass Sie Zeit und Mühe auf Ihre Füße verwenden, sie tragen Sie den ganzen lieben Tag und haben Ihre Zuwendung mehr als verdient. Und vielleicht kann ich mich trotzdem freuen, dass meine Begabung sich nur auf das Gebiet »Fuß« beschränkt und nicht weiter hochwärts wandert! Das wäre dann megapeinlich und alle würden denken, ich gucke nur dahin, weil ich obsessiv veranlagt bin.

Allerdings, wenn Sie den Deckel der Königinpastetchen öffnen, können Sie zuerst auch nicht erkennen, dass es sich um Schnecken handelt! Geben Sie sich einen Ruck, es schmeckt köstlich und dieses Rezept ist gut, einfach und meins:

Schnecken in Königinpastetchen

4 Königinpastetchen
(von sehr guter Qualität, am besten beim Feinkosthändler besorgen)
1 Dose mit 24 Schnecken im Sud
1 Schalotte, sehr klein gewürfelt
2 Knoblauchzehen, zerdrückt
2 EL frische Butter, 1 EL Pflanzenöl
200 g frische Austernpilze
1/2 Glas trockener Weißwein
1 kleiner Becher Crème double
1 EL Mehl, 1/2 Glas Fleischbrühe
je 1 Prise Rosenpaprika, Senfpulver, Cayennepfeffer
Salz und Pfeffer

Die Austernpilze putzen und klein schneiden. Schalotte und Knoblauch in 1 EL Butter und 1 EL Öl anbraten. Die Austernpilze hinzufügen und mit dem Wein ablöschen. Die Crème double in die Sauce einrühren und mit Salz und Pfeffer abschmecken.

Die Schnecken abgießen und den Saft dabei auffangen! Den zweiten Esslöffel Butter in einem Topf schmelzen lassen und mit Mehl vermengen, bis dieses ganz von der Butter aufgesogen ist. Mit der Fleischbrühe und dem Schneckensud ablöschen.

Sobald die Sauce sämig ist, die Schnecken unterrühren und das Ganze zu den Pilzen geben. Mit den restlichen Gewürzen abschmecken und in die Königinpastetchen füllen.
Für etwa 12 Minuten in den Backofen schieben (150 °C, Umluft). Sofort servieren.

(Ich könnte Ihnen beibringen, wie man lebendige Schnecken vorbereitet, bevor man diesen den Garaus macht! Aber ich kann mir denken, Sie wollen es gar nicht wissen!)

Vier Gebote und Schwein(efilet!)

Erstes Gebot: Du sollst mit keinem anderen Mann schlafen.
Zweites Gebot: Du musst mit mir schlafen.
Drittes Gebot: Du sollst Lust auf mich haben – gefälligst.
Viertes Gebot: Du darfst dich nicht befriedigen.

Mit dieser Botschaft rief mich meine älteste Freundin aus Frankreich an, vollkommen verzweifelt und fassungslos. Ich war es auch!

Was für eine Zumutung!

Haben wir so etwas zugesagt, als wir vor dem Altar das ja ausgesprochen haben? Und vor allem, das Einzige, was ich ihr raten kann, ist, genau das Gegenteil von den Geboten zu tun! Zum einen kommt ihr Mann sich wie ein Adonis vor, sieht aber ganz und gar nicht danach aus. Zum anderen ist er zwanghaft: Seine Socken sollen nur links im Schrank eingeräumt werden und ja nicht rechts, seine Hemden sollen genauso gebügelt werden, wie seine Mutter es tat; es wäre nett, wenn meine Freundin ihren Kaffee nackt trinken würde!; wenn er fernsieht, soll die ganze Familie mit ihm gucken und schweigen; das Telefon darf nicht läuten; vor dem Urlaub macht er einen schriftlichen Plan von Tagesprogrammen und veranstaltet einen Riesenlärm (um nichts), wenn diese nicht eingehalten werden, usw. … kurzum: ein Traummann.

Das Leben ist zu kurzweilig, zu anstrengend, aber auch zu interessant, um so einen »Zeitvertrieb« zu haben. Was ist denn das für eine Erwartungshaltung an die Ehefrau? Und das mit dem vierten Gebot! Wo sind wir denn? Es erinnert mich an den Pfarrer, der uns Mädchen jeden Freitag in der Schulkapelle die Beichte abnahm und uns fragte, »ob wir uns da unten berührt hätten«! Warum habe ich das damals meiner Mutter nicht erzählt? Er hätte sie kennengelernt! Sie hätte ihn eigenhändig entmannt! Und vierzig Jahre später gibt es noch Leute, die ein Thema daraus machen und wahrscheinlich ihre Kinder in diesem Sinne erziehen. Und jetzt gibt es richtiges Schwein, mit Salbei!

Schweinefilet mit Salbei

750 g Schweinefilet
6 kleine Knoblauchzehen oder 3 große
6 große Blätter Salbei
1 EL Butter
1 EL Olivenöl
1/4 l Rotwein
Salz und frisch gemahlener schwarzer Pfeffer

Das Fleisch mit dem Messer an sechs verschiedenen Stellen einschneiden und den Knoblauch, in Salbei eingewickelt, tief in die Öffnungen hineinstecken.

Das Fleisch mit Salz und Pfeffer einreiben. In einer großen Pfanne Butter mit Olivenöl schmelzen lassen und das Fleisch darin auf allen Seiten anbraten. Hitze reduzieren und zugedeckt etwa 15 Minuten braten. Das Fleisch immer wieder umdrehen.

Dann den Bratensaft mit Rotwein ablöschen und bei hoher Temperatur etwas einkochen lassen. Das Fleisch soll innen noch rosa sein (lässt sich mit einem Holzspießchen überprüfen). Aufschneiden und mit Kartoffelgratin (S. 53) servieren. Obwohl … nur wenn er es verdient hat!

Ich *liebe dich*

Kann ein »Ich liebe dich« falsch ankommen? Oder gar von der falschen Person gesendet werden? Oder ist es immer richtig? Soll ich mich darüber freuen, heute mitten in meinem Tag ein unerwartetes »Ich liebe dich« erhalten zu haben? Bin ich die falsche Person, oder er? Oder ist es eher so, dass ein »Ich liebe dich« immer richtig ist, ganz unabhängig davon, wer es sendet, wer es empfängt? Bildet es dann eine Welle in die Welt hinaus? Strahlt dieser Satz auf meine Umgebung und mein Leben aus? Wahrscheinlich schon! Ich werde einfach diesen Satz im Herzen behalten. Er wird mich begleiten – mindestens bis in den Abend hinein. Ich könnte ihn auch weitersenden, obwohl sehr wahrscheinlich erwartet wird, dass ich ihn zurücksende. Der, der liebt, will auch geliebt werden. Es ist das Gesetz der Liebenden, das Gesetz, das alles komplizierter macht, weil es mit Erwartungen und Forderungen besetzt ist. Dann werde ich es heute anders machen. Ich halte die drei Worte fest, sie gelten mir und ich sende sie nicht weiter. Der Welt eine »gute Nacht«.

... und Tschüss

Nach allem, was mir gestern widerfahren ist, habe ich das dringende Bedürfnis, das Wort Liebe für mich schriftlich zu definieren. Ich will weder an den Klischees der Unendlichkeit und Bedingungslosigkeit kleben noch meine inneren Werte und Überzeugungen leugnen.

Liebe ist:

- *Den anderen/die andere gewähren zu lassen,*
- *ihm/ihr die Freiheit lassen, sich so zu entfalten und entwickeln, wie sein/ihr Weg es bestimmt,*
- *ihm/ihr die dafür notwendige Unterstützung geben und sich über jeden Schritt mitfreuen,*
- *das Wort »gönnen« (nicht unbedingt im materiellen Sinn!) verinnerlichen,*
- *ihn/sie nicht besitzen wollen,*
- *ein Lächeln im Herzen haben, wenn er/sie den Raum betritt,*
- *die Arme um seinen/ihren Hals legen und sich wohlfühlen,*
- *das Herz ganz offen haben und Wellen der Gefühle senden,*
- *loslassen,*
- *nichts erwarten, da alles, was wir haben können, nur von uns selber kommen kann.*

Das Letztere scheint die Schwierigste aller Übungen zu sein, und wenn ich diese Liste genau anschaue, komme ich zu der Erkenntnis, dass wir alle meistens »falsch« lieben. Wir sind oft unglücklich, weil wir an den Realitäten der Liebe vorbeigehen. Es fehlt an Großzügigkeit und Toleranz.

Ich glaube, ich brauche Zeit und Ruhe, um diese Gefühle für mich neu zu definieren, und ich denke, ich bin »reif für die Wüste«. Ab nächster Woche werde ich in diesem unendlichen Dünenmeer den notwendigen Rahmen für meine Meditation finden. Denn ich fliege in die Sahara. Es wird mühsam: Elf Tage mit jeweils mindestens 15 km Fußmarsch, heiß, trocken, einsam; kurze Nächte unter Milliarden von Sternen, exotische Speisen am Feuer; selbst gebackenes Brot; die sehr merkwürdigen Laute der Kamele. Wir werden sehen!

Mein Mann hat scherzhaft gefragt, ob ich mit dem Kameltreiber durchbrennen möchte! Das wäre doch was, oder? Zahnarztfrau brennt mit 28-jährigem Turbanträger durch und wird Berber-Frau in der Wüste.

In diesem Sinne: und Tschüss!

Glossar

Austernsauce wird in vielen Teilen Asiens verwendet. Es ist eine dickflüssige, dunkelbraune Würzsauce, die ursprünglich aus in Salzwasser fermentierten Austern hergestellt wurde. Heute besteht sie zumeist aus Austernextrakt und Sojasauce. Austernsauce hat einen kräftigen Geschmack und wird sowohl für Gemüse als auch für Fleischgerichte verwendet (und ist beinahe lebenslänglich haltbar!).

Backofentemperatur – die richtige hängt stark von Ihrem jeweiligen Herd ab! Und besonders davon, ob Sie lieber mit Umluft arbeiten oder konventionell. Bei Umluft brauchen Sie den Backofen grundsätzlich nicht vorzuheizen. Wenn Sie lieber konventionell backen, aber die Temperatur im Rezept für Umluft angegeben ist, so heizen Sie den Ofen vor und erhöhen die angegebene Temperatur um etwa 20 °C (also Umluft 140 °C würde zu konventionell mit Vorheizen 160 °C – oder andersherum). Verlassen Sie sich im Zweifelsfall bitte immer auf Ihren Erfahrungswert mit Ihrem eigenen Ofen.

Bain-Marie ist unsere französische Bezeichnung des Wasserbades. Beim Bain-Marie immer auf die Temperatur des Wassers achten: Es dürfen nur winzige Bläschen an die Oberfläche steigen, denn wenn das Wasser kocht, kocht Ihre Sauce auch und kann dadurch gerinnen.

Beluga-Linsen tragen ihren Namen zu Recht, denn sie ähneln in Form und Farbe dem Kaviar. Sie sind ebenso schmackhaft wie dekorativ und in Reformhäusern erhältlich. Die Linsen waschen, in kaltem Wasser einweichen und etwa 20 Minuten kochen. Erst gegen Ende der Garzeit salzen.

Beurre manié besteht aus gleichen Anteilen Butter und Mehl; es werden also z.B. 50 g weiche Butter mit 50 g Mehl gründlich vermischt (das geht gut, indem Sie beides mit einer Gabel zerdrücken). Beurre manié wird zum Andicken von Saucen verwendet (etwa 10 Minuten mitkochen).

Bouquet garni ist ein Kräutersträußchen, das grundsätzlich aus drei Zweigen Petersilie, einem Zweig Thymian, einem Zweig Majoran und einem großen Lorbeerblatt besteht. Das Ganze wird mit Küchengarn zusammengebunden, mitgekocht und gegen Ende der Garzeit wieder entfernt. Kreativität ist auch hier nicht verboten: einfach mal Rosmarin oder Oregano hinzufügen. Salbei passt allerdings nicht dazu. Ein Bouquet garni lässt sich auch aus getrockneten Kräutern zubereiten: Getrocknete Kräuter dazu in ein Stoffsäcken füllen und mit Küchengarn verschließen.

Chili Chipotles dafür wird die Chilisorte Jalapeño geräuchert und erhält dadurch eine bräunliche Farbe. Anschließend werden die Schoten oft in Adobado-Sauce (eine sämige Sauce aus Chili und Essig) eingelegt. Sie werden bei uns in Dosen verkauft. Sehr sparsam verwenden, dieser Chili ist äußerst scharf und verleiht den Speisen einen leicht rauchigen Geschmack. Nach dem Öffnen der kleinen Dosen ist es möglich, jeden Chili einzeln (z.B. im Eiswürfelbehälter) einzufrieren.

Chorizo ist eine spanische Wurst aus Schweinefleisch, mit reichlich Knoblauch und Paprika, wobei der Geschmack je nach der verwendeten Paprikasorte variiert (von süßlich über würzig bis sehr scharf). Die Wurst enthäuten und roh verzehren oder vor der Weiterverarbeitung in Scheiben schneiden und ohne Fett in der Pfanne anbraten.

Couscous bekommt man mittlerweile überall, in Supermärkten, Reformhäusern oder in Geschäften mit orientalischen Lebensmitteln. Er wird aus Weizen(grieß) hergestellt und existiert in feiner oder mittelfeiner Konsistenz. In manchen Ländern Afrikas wird Couscous aus Hirse gewonnen. Idealerweise bereitet man Couscous in einer *couscoussière,* einem großen Topf mit löchrigem Einsatz, zu. Dort gart er dann durch den Dampf des darunter schmorenden Gerichts. Industriell hergestellten Instant-Couscous muss man nur mit kochendem Salzwasser übergießen (Verhältnis 1:1) und quellen lassen. Vor dem Servieren gibt man nach Belieben noch ein Stück Butter dazu.

Cranberries sind die amerikanischen Verwandten unserer Heidelbeeren, hierzulande sind sie auch als Moosbeeren bekannt. Sie werden ab und an in Plastikbeuteln abgepackt in Supermärkten angeboten und lassen sich mühelos einfrieren. In den USA wird derzeit ihre gesundheitliche Wirkung untersucht. Sie sollen unter anderem vor Brustkrebs und Harninfektionen schützen.

Curry-Blätter haben mit »Curry« nur den Namen gemein, denn sie schmecken eher zitronenähnlich. Mittlerweile sind diese Blätter in Asia-Läden oft frisch erhältlich: Greifen Sie zu, denn sie lassen sich gut einfrieren. Falls getrocknete Blätter verwendet werden, die im Rezept angegebene Menge verdoppeln.

Daikon ist ein großer Rettich, den man in Scheiben schneidet und zu Sushi oder anderen Gerichten als kleine Beilage reicht. Er wird vor allem in der japanischen Küche verwendet und ist in gut sortierten Asienläden erhältlich.

Fischfond *(fumet de poisson* genannt) auch hier gibt es – wie fast immer – mehrere Variationen. Grundsätzlich gilt: Gräten von weißfleischigen Fischen verwenden – idealerweise Seezungengräten. 2 kg Fischgräten und -köpfe (zuvor kräftig mit kaltem Wasser abgespült) in einen großen Topf geben und mit ca. 2 l Wasser bedecken. Aufkochen und ab und zu abschäumen. 2 große, fein geschnittene Schalotten, 2 Petersilienstängel, 2 EL gehackte Champignonstiele (nach Geschmack), 1 TL weiße Pfefferkörner, wenig Salz und 250 ml Weißwein (kann durch Rotwein ersetzt werden) hinzufügen. Das Ganze 30 Minuten sanft köcheln lassen. Nach dem Erkalten durch ein feines Sieb in kleine Behälter füllen und portionsweise einfrieren.

Fischsauce wird aus Sardellen und Garnelen hergestellt, die mit Salz fermentiert werden. Aber wollten Sie das überhaupt wissen? Diese Sauce muss sparsam verwendet werden, da ihr kräftiger Geschmack ein Gericht leicht ruinieren kann.

Ghee ist in gut sortierten Asia-Läden in Dosen erhältlich. Es ist reines Butterfett und kann auch selbst hergestellt werden: Butter sachte so lange erhitzen und flüssig halten, bis alles Wasser verdampft ist und sich das geronnene Eiweiß weißschaumig an der Oberfläche abgesetzt hat (nach ca. 30 Minuten). Das warme, goldgelbe Butterfett durch ein feines Tuch in ein verschließbares Gefäß filtrieren. Ghee hat einen nussigen Geschmack und ist auch ohne Kühlung lange haltbar.

Harissa ist eine scharfe Chilisauce, die jedem orientalischen Gericht eine besondere Schärfe verleiht. Auf meiner Reise in die Wüste wurde eine große Plastikflasche damit gefüllt und zu jedem Gericht gereicht. Die Konsistenz dort ist gröber als die der industriell hergestellten Paste, die man hierzulande in Tuben oder kleinen Döschen bekommt. Harissa besteht aus Chilischoten, Kreuzkümmel, Koriandersamen, Knoblauch, Salz und Öl.

Hummerbutter gibt es in Döschen zu kaufen. Es wäre sehr teuer und aufwendig, diese Butter selbst herzustellen (Grundrezept: Hummerschalen grob zerdrücken und mit winzigen Möhrchen- und Zwiebelwürfeln in gewürzter Butter anbraten. Mit frischer weicher Butter mischen und durch ein Sieb streichen). Was ich als Ersatz ausprobiert habe: Den pochierten orangefarbenen Rogen der Jakobsmuschel mit weicher Butter mischen und dezent mit Salz, Pfeffer und wenig Paprikapulver würzen. Das schmeckt sehr lecker und verleiht der Sauce einen feinen Geschmack.

Kreuzkümmel auch Cumin genannt, ist ein Gewürz, das aus den getrockneten und gemahlenen Früchten eines asiatischen Doldenblütengewächses besteht. Die Bezeichnung leitet sich aus dem kreuzförmigen Blattstand der Pflanze und dem kümmelähnlichen Aussehen ab. Die beiden Gewürze schmecken jedoch sehr unterschiedlich, und Verwechslungen in beide Richtungen führen zu unangenehmen Überraschungen: Kreuzkümmel hat einen intensiven, unverwechselbaren Geschmack und dieser ändert sich deutlich durch die Hitze beim Braten oder Kochen. Kreuzkümmel spielt in den orientalischen Küchen, in der mexikanischen und auch in der indischen Küche eine wichtige Rolle. Im alten Ägypten und im Römischen Reich war er als Gewürz- und Heilpflanze beliebt. Überwiegend zu Heilzwecken wurde er auch in Europa bis ins Mittelalter kultiviert. Heutige Hauptanbaugebiete sind Indien, Iran, Indonesien, China und der südliche Mittelmeerraum. Ein typisches Gericht mit intensivem Kreuzkümmelaroma ist Falafel. Indische Würzmischungen wie Curry oder Garam Masala enthalten ebenfalls Kreuzkümmel.

Kurkuma oder Gelbwurz ist ein charakteristisches Gewürz der indischen und orientalischen Küche. Die getrocknete, zermahlene Wurzel aus der Familie des Ingwers wird sowohl wegen ihrer färbenden Eigenschaften als auch wegen des Geschmacks verwendet.

Maronenpüree kann selbst hergestellt werden, ist aber mittlerweile in Supermärkten in Dosen oder Gläsern erhältlich. Es schmeckt süß, es ist himmlisch, und die 500-g-Dose der französischen Marke Faugier ist ideal für das Rezept »Maronensoufflé«.

Orangenblütenwasser ist ein Nebenprodukt, das bei der Destillation von Orangenblütenknospen entsteht. Es wird, ähnlich wie Rosenwasser, vorwiegend zur Aromatisierung von Süßspeisen und Gebäck verwendet. Orangenblütenwasser ist ein beliebtes Aroma in Marokko. In Frankreich wird es meist aus Blüten der Pomeranzen (Bitterorangen) gewonnen: Im Frühling werden die Knospen gepflückt und zwei Tage beiseite gelegt, bevor mit der Destillation begonnen wird. Die Flaschen mit dem Destillat werden sorgfältig verschlossen und ruhen vier bis fünf Monate. Aus drei Kilogramm Blüten lassen sich etwa fünf Liter Orangenblütenwasser gewinnen. In Marokko wird Orangenblütenwasser oft noch selbst hergestellt. Im deutschsprachigen Raum ist es (ebenso wie Rosenwasser) in Gewürzläden und Apotheken zu bekommen.

Pil-pil – auf der Suche nach der Bedeutung bin ich auf zwei verschiedene gestoßen: »al pil-pil« ist sowohl eine spanische Zubereitungsmethode, bei der Fisch *(bacalao)* in Olivenöl gegart wird, das zuvor mit Chili und Knoblauch aromatisiert worden ist. In Nordafrika ist es dagegen eine Bezeichnung für reines Chilipulver.

Poblano-Chili ist eine Chilisorte, die unserer Paprikaschote ähnlich, aber viel kleiner und von sehr milder Schärfe ist. Es gibt sie in Dosen zu kaufen. Unsere Paprika kann zwar optisch als Ersatz dienen, jedoch kommt sie niemals an den einmaligen Geschmack der Poblano-Schote heran!

Raz-el-hanout ist eine Würzmischung, deren Geschmack immer anders ausfällt, da diese Mischung je nach Gewürzhändler sehr unterschiedlich sein kann. Bis zu 35 verschiedene Elemente kann sie enthalten: Kurkuma, Ingwer, Kardamon, Muskatnuss und -blüte, Koriander, Lavendel, Piment und vieles mehr. Marokkanische Gewürzhändler witzeln, es sei das ideale Gewürz für die Frau, die nicht kochen kann! Nach Zugabe von Raz-el-hanout muss nämlich gar nichts mehr hinzugefügt werden.

Reispapier wird in vielen Größen angeboten und ist sehr lange haltbar. Die beste Art, um das getrocknete Reispapier vorzubereiten: ein leicht befeuchtetes Küchenpapier zwischen jedes benötigte Reispapierblatt legen. Nicht länger als

30 Minuten liegen lassen. Dann lassen sich die Blätter beliebig falten. Bleiben sie zu lange feucht, werden sie zu klumpigem Müllfutter!

Reisvermicelli werden in Vietnam häufig verwendet. Der Nudelteig besteht ausschließlich aus Reismehl und Wasser. Diese sehr leckeren Nudeln passen gut zu kurz gebratenem Fleisch, bestreut mit reichlich gehackten Erdnüssen.

Safran Die Blüten des *Crocus sativus* werden vor Sonnenaufgang geerntet, um eine Strahlung auf den empfindlichen Stempel zu vermeiden. Jede Blüte hat im Schnitt drei rote Blütennarben. Die Blumen werden zum Trocknen in große, flache Bastkörbe drapiert. Um ein Gramm getrockneten Safran zu bekommen, benötigt man etwa 200 Blüten. Somit lässt sich der hohe Preis für dieses wunderbare Gewürz leicht erklären. Sie können Safran auch als Pulver besorgen; allerdings müssen Sie wissen, dass viele Fälschungen auf dem Markt sind, und es wird Ihnen unter dem Begriff Safranpulver allerlei angeboten! Also, ausschließlich bei einem Händler Ihres Vertrauens kaufen. Wenn Sie Fäden benutzen, 1/3 Teelöffel davon in eine kleine Schale legen und mit heißem Wasser übergießen. Die Fäden samt Einweichwasser verwenden (in den meisten Rezepten werden nur fünf oder sechs Fäden empfohlen, wahrscheinlich aus Kostengründen. Schade!). Ergiebiger ist es, die Fäden vor dem Einweichen mit einer Prise Zucker im Mörser zu Pulver zu mahlen.

Sambal oelek ist eine scharfe Paste aus roten Chilischoten und Salz und stammt ursprünglich aus Indonesien. Mittlerweile hat es in viele Küchen Asiens Eingang gefunden. Sie können selbstverständlich Ihre eigene Sambal-Sauce kreieren. Kontaktieren Sie mich bei Interesse!

Tamarinde ist eine Hülsenfrucht. Wenn man die Schoten frisch bekommt, die brüchige Schale aufbrechen: das Fruchtfleisch herauspulen, die großen Kerne dabei entfernen. Das Fruchtfleisch dann mit warmem Wasser aufgießen und quellen lassen. Sie können aber auch getrocknete Tamarindenpaste kaufen: Davon eine etwa zwei Zentimeter dicke Scheibe abschneiden (den Rest im Kühlschrank aufbewahren), mit warmem Wasser aufgießen und quellen lassen. Wenn im Rezept »Tamarindenwasser« steht, die Scheiben oder das Fruchtfleisch über einem Sieb abgießen, die Einweichflüssigkeit dabei auffangen und nach Rezept verwenden. Tamarinde hat einen säuerlich-aromatischen Geschmack, und als Ersatz kann zur Not Zitronensaft dienen (vorsichtig dosiert!).

Tomatillos, von denen ich immer dachte, es seien kleine grüne Tomaten ..., aber falsch: Es sind Nachtschattengewächse der Gattung Physalis. Diese Frucht ist süß-säuerlich und wird für Salsas verwendet. Bei uns ist sie praktisch nur in Dosen erhältlich. Die dünne Haut muss vor dem Verwenden abgezogen werden.

Wakame ist eine Alge und wird in der japanischen Küche (z.B. für Miso-Suppen) gebraucht. Es ist ein krausblättriges Seegras, das getrocknet und in kleinen Päckchen im Handel zu finden ist. Vor Gebrauch muss es in kaltem Wasser eingeweicht werden (eine kleine Menge nehmen, es quillt enorm auf!). Wakame kann roh verwendet oder kurz angebraten werden.

Zitronengras ist sowohl frisch als auch getrocknet oder als Pulver erhältlich. Kaufen Sie es am besten immer frisch in einer größeren Portion, es lässt sich mühelos einfrieren. Nur das zarte Innere verwenden: Den Wurzelansatz ganz unten abschneiden und die äußeren, harten Blätter ebenfalls entfernen. Je nach Rezept entweder den dickeren Teil (bis dahin, wo er sich schließlich deutlich verjüngt) ganz fein schneiden oder das ganze Stück leicht zerdrücken, mitkochen und vor dem Servieren entfernen. Zitronengras ist intensiv zitronig im Geschmack und sehr aromatisch!

Register

A

Austernsauce 202

Krokodilsteaks 55

B

Backofentemperatur 202

Bain-Marie 202

Beluga-Linsen 202

Schweinefilet mit Cranberries und interessanten Beilagen 132

Beurre manié 202

Huhn mit Flusskrebsen 58

Blätterteig 15

Blätterteigtorte mit Mandelcreme-Füllung 101

Jakobsmuscheln auf Spinatbett 189

Bouquet garni 202

Huhn mit Flusskrebsen 58

Perlhuhn mit Kraut 24

C

Chili Chipotles 202

Chorizo 202

Paella 44

Perlhuhn mit Kraut 24

Couscous 202

Couscous mit Rosinen und Gemüse 67

Krokodilsteaks 55

Zucchini mit Couscous und Shrimps 151

Cranberries 203

Cranberries mit Schweinefilet und interessanten Beilagen 132

Curryblätter 203

Indisches Kürbis-Curry 109

D

Daikon 203

Hackbällchen in Salatblättern 65

Desserts

Flan mit kandierten Früchten 91

Grießpudding 183

Maronensoufflé mit Schokoladensauce 171

Nachtisch-Cocktail mit Zitronensorbet 21

Orangenbiskuit 87

Rumkuchen 119

Süßer Reis 175

Waffeln 115

E

Eier (siehe auch: Kuchen und Gebäck)

Eier, pochierte mit Kaviar und Kartoffeln 155

Flan mit kandierten Früchten 91

Grießpudding 183

Kirschauflauf 31

Maronensoufflé mit Schokoladensauce 171

Mayonnaise 41

Pfannkuchensuppe nach Agathe 85

F

Fischfond 203

Exotische Riesengarnelen 61

Meine Fischsauce 93

Seeteufel in amerikanischer Sauce 163

Fischsauce 203

Exotische Riesengarnelen 65

Fisch, Meeresfrüchte und Schnecken

Fischsauce, meine 93

Fisch-Tajine 17

Flusskrebse, Huhn mit 58

Jakobsmuscheln auf Spinatbett 189

Paella 44

Red Snapper mal anders 48

Riesengarnelen, exotische 61

Sauce mit dem Geschmack des Meeres, meine 13

Schnecken in Königinpastetchen 197

Seeteufel in amerikanischer Sauce 163

Shrimps, Zucchini mit Couscous und 151

Vongole, Capellini mit 33

Fleisch

Eintopf auf französische Art 25

Entenbrust in Olivenöl 19

Filetstücke auf mexikanische Art 161

Gams- oder Hirsch- oder gar Lammkeule 181

Hackbällchen in Salatblättern

Hackfleischauflauf 167

Hackfleischgratin 27

Huhn mit Flusskrebsen 58

Jegliches-Fleischstück-Sauce (passt zu allen kurzgebratenen Fleischsorten) 177

Kalbsrouladen in Weißwein 81

Kalbsschulter, geschmorte 73

Krokodilsteaks 55

Lammkeule aus Frankreich 83

Perlhuhn mit Kraut 24

Pfannkuchensuppe nach Agathe 85
Rindfleischgericht, pikantes 103
Schweinefilet mit Cranberries und
interessanten Beilagen 132
Schweinefilet mit Salbei 199
Früchte und Nüsse
Erdbeeren und Himbeeren, Charlotte mit 35
Bananabread 143
Cranberries, Schweinefilet mit 132
Kandierte Früchte, Flan mit 91
Kirschauflauf 31
Maronensoufflé mit Schokoladensauce 171
Melonensuppe 50
Orangenbiskuit 87
Orangenwein 90
Pflaumentorte, meine 99
Walnuss-Kuchen aus Grenoble 186
Zitronensorbet, Nachtisch-Cocktail mit 21
Zitrusmarmelade 97
G
Ghee 203
Indisches Kürbis-Curry 109
Gemüse
Bohnen, Dicke nach alter Art 149
Couscous mit Rosinen und Gemüse 67
Gemüsesoufflé 129
Gnocchi à la romaine 194
Grüner Spargel, Capellini mit Vongole und 33
Gurkensalat (mit Ingwer) 191
Hackfleischauflauf (mit Kartoffeln) 167
Kartoffeln, scharfe 107
Kartoffeln, pochierte Eier mit Kaviar und 155
Kartoffelgratin 53
Kartoffel-Kroketten »Duchesse« 157
Kartoffelsalat 29
Kraut, Perlhuhn mit 24
Kürbis-Curry, indisches 109
Oliven à la Jeannot 71
Paprikasalat 39
Spinatbett, Jakobsmuscheln auf 189
Spinat-Rotkohl-Rote-Bete-Salat 95
Zitrusmarmelade (mit Tomaten) 97
Zucchini mit Couscous und Shrimps 151
Getränke
Glühwein 135
Kardamom-Tee 169
Nachtisch-Cocktail mit Zitronensorbet 21
Orangenwein 90
Spritz 145
Teemischung, eine feine 139
H
Harissa 203
Paprikasalat 39
Scharfe Kartoffeln 107
Hummerbutter 203
Jakobsmuscheln auf Spinatbett 189
Meine Fischsauce 93
K
Kreuzkümmel 204
Couscous mit Rosinen und Gemüse 67
Jegliches-Fleischstück-Sauce 177
Fisch-Tajine 17
Filetstücke auf mexikanische Art 161
Paprikasalat 39
Scharfe Kartoffeln 107
Verschiedene Saucen 75
Kurkuma 204
Indisches Kürbis-Curry 109
Kuchen und Gebäck
Bananabread 143
Brot, würziges 107
Blätterteigtorte mit Mandelcreme-Füllung 101
Französischer Marmorkuchen 112
Hefekranz 127
Kuchen aus Savoyen 117
Le Cake de Clothilde 159
Meine Pflaumentorte 99
Morchel-Quiche 120
Quiche mit Schafskäse 155
Rumkuchen 119
Schokoladenkuchen aus Frankreich 139
Ungarischer Kuchen 77
Waffeln 115
Walnusskuchen aus Grenoble 187
M
Maronenpüree 204
Maronensoufflé mit Schokoladensauce 171
N
Nudelgerichte
Capellini mit Vongole und grünem Spargel 33
Gnocchi à la romaine 194
Nudelsauce mit Maronenpilzen 123

O
Orangenblütenwasser 204
Hefekranz 127
Kuchen aus Savoyen 117
P
Pil-pil 204
Couscous mit Rosinen und Gemüse 67
Pilze
Entenbrust in Olivenöl 19
Geschmorte Kalbsschulter 73
Kalbsrouladen in Weißwein 81
Maronenpilze, Nudelsauce mit 123
Morchel-Quiche 120
Poblano-Chili 204
R
Raz-el-hanout 204
Couscous mit Rosinen und Gemüse 67
Paprikasalat 39
Reispapier 204
Hackbällchen in Salatblättern 65
Reisvermicelli 205
S
Safran 205
Exotische Riesengarnelen 61
Fisch-Tajine 17
Kardamom-Tee 169
Mayonnaise 41
Meine Sauce mit dem Geschmack des Meeres 13
Paella 44
Schweinefilet mit Cranberries und interessanten Beilagen 132
Zucchini mit Couscous und Shrimps 151
Salate
Ingwer-Gurken-Salat 191
Kartoffelsalat 29
Ma salade! 125
Paprikasalat 39
Spinat-Rotkohl-Rote-Bete-Salat 95
Thailändischer Salat 37
Sambal oelek 205
Paprikasalat 37
Verschiedene Saucen 75
T
Tamarinde 205
Red Snapper mal anders 48
Tomatillos 205
Hackfleischgratin 27
W
Wakame 205
Ingwer-Gurken-Salat 191
Z
Zitronengras 205
Krokodilsteaks 55

Danksagung

Es hat sehr viel Spaß gemacht, diese Idee in die Tat umzusetzen. Aber ohne die Hilfe von besonderen Menschen wäre es mir nie gelungen. Ich kann unmöglich alle nennen, die mich unterstützt haben, aber einige will ich unbedingt erwähnen: Als Erstes meine Familie, die sich zusammen mit mir sehr dafür begeistert hat. Dann die gute Fee in der Hohenzollernstraße, die mir den Mut gegeben hat, der Anfangsidee weiter zu folgen; meine zweisprachige und wunderschöne Freundin Olivia, die das ganze Manuskript laut vorgelesen hat und überall Kommas und die gröbsten Deutschfehler korrigiert hat; selbstverständlich auch meine kleine enge Clique, die mir regelrecht einen Tritt in meinen Allerwertesten gegeben haben, damit ich weitermache (das haben sie jetzt davon: sie müssen dieses »Werk« lesen!); und meine persönliche Muse, die sich hoffentlich namenlos erkennen wird.